本专著得到工商管理黑龙江省国内一流学科

U0587965

高山滑雪
体验与营销

ALPINE SKIING EXPERIENCE AND
MARKETING

郑　敏　白世贞　^著

经济管理出版社
ECONOMY & MANAGEMENT PUBLISHING HOUSE

图书在版编目（CIP）数据

高山滑雪体验与营销 / 郑敏，白世贞著. -- 北京：
经济管理出版社，2024. -- ISBN 978-7-5096-9783-2

Ⅰ．G863.11

中国国家版本馆 CIP 数据核字第 2024AX1680 号

组稿编辑：杨　雪
责任编辑：杨　雪
助理编辑：付姝怡
责任印制：黄章平
责任校对：陈　颖

出版发行：经济管理出版社
　　　　　（北京市海淀区北蜂窝 8 号中雅大厦 A 座 11 层　100038）
网　　址：www.E-mp.com.cn
电　　话：(010) 51915602
印　　刷：北京晨旭印刷厂
经　　销：新华书店
开　　本：720mm×1000mm/16
印　　张：11.5
字　　数：213 千字
版　　次：2024 年 9 月第 1 版　　2024 年 9 月第 1 次印刷
书　　号：ISBN 978-7-5096-9783-2
定　　价：78.00 元

前　言

高山滑雪运动以其刺激性、挑战性和娱乐性等特点越来越受到消费者的青睐。随着高山滑雪市场的竞争日趋激烈，滑雪场的生存和发展面临更大挑战。提升消费者的高山滑雪体验，增强滑雪场的集客能力，成为研究者和滑雪场管理者高度关注的问题。但是，高山滑雪体验的独特环境，使现有体验营销的理论不能直接应用于高山滑雪领域，而高山滑雪体验的理论研究目前还处于起步阶段，有关高山滑雪体验的定义还不清晰，维度还没有确立，更缺乏对其影响效应的深入研究，对滑雪场的营销实践指导意义不大。

本书以高山滑雪爱好者为研究对象，采用定性分析和定量分析相结合的研究方法，对高山滑雪体验的维度结构、测量量表、影响滑雪成瘾的机理和溢出效应进行了探索和实证研究，包括以下五个方面：

第一，构建高山滑雪体验的整合研究框架。通过对 35 名高山滑雪爱好者进行深度访谈，采用扎根理论方法对获得的资料进行开放式编码、主轴式编码、选择性编码和理论饱和度检验，并对高山滑雪体验的维度和影响效应进行探索性研究，得出了高山滑雪体验的维度构成，包括沉浸体验、速度体验和自然体验 3 个维度；构建了高山滑雪体验→消费者情感→滑雪成瘾和高山滑雪体验→消费者感知价值→生活幸福感 2 个研究模型，形成了高山滑雪体验的整合研究框架。

第二，开发高山滑雪体验的测量量表。首先，本部分基于文献研究和深度访谈内容，借鉴规范化的量表开发思路，编制了高山滑雪体验 3 个维度包含 42 个题项的初始测量量表。其次，结合初始题项形成测量量表并进行预调查。以高山滑雪爱好者为研究对象发放问卷，回收有效问卷 630 份，结合收集的数据进行探索性因子分析，对初始测量量表进行净化，最终保留了 12 个题项，形成了高山滑雪体验的测量量表。最后，以此测量量表为基础编制问卷并对测量量表进行正式调查。同样以高山滑雪爱好者为研究对象发放问卷，回收有效问卷 305 份，结合调查数据对测量量表进行了验证性因子分析和信度、效度分析，从而形成高山滑雪体验测量量表。

第三，高山滑雪体验对滑雪成瘾的影响机理研究。首先，本部分基于高山滑雪体验的整合研究框架，遵循认知→情感→行为模型研究逻辑，构建高山滑雪体验影响滑雪成瘾的机理研究模型，并提出23项研究假设。其次，借鉴模型中各构念的成熟量表和自行开发的量表形成调查问卷，以高山滑雪爱好者为研究对象发放问卷，收回305份有效问卷。最后，利用SPSS 22.0和AMOS 24.0等软件对收集的数据进行分析和信度、效度检验，并在此基础上对假设进行检验。结果显示：高山滑雪体验正向影响消费者滑雪成瘾；消费者情感在高山滑雪体验与滑雪成瘾之间起中介作用；勇气水平在高山滑雪体验与消费者情感之间起调节作用。

第四，高山滑雪体验的溢出效应研究。首先，基于高山滑雪体验探索性研究结果，以刺激—机理—反应模型为理论基础，构建高山滑雪体验溢出效应的影响模型，并提出假设。其次，通过借鉴模型中各构念成熟测量量表和自行开发的量表形成了本部分的调查问卷。本次调查以高山滑雪爱好者为研究对象发放问卷，收回有效问卷302份。最后，采用SPSS 22.0、AMOS 24.0和Bootstrap等软件对收集的数据进行数据分析和信度、效度检验，并在此基础上对提出的假设进行检验。结果显示：高山滑雪体验正向影响消费者感知价值，其中，速度体验对娱乐价值的正向影响不显著；高山滑雪体验通过感知价值正向影响消费者生活幸福感。

第五，基于高山滑雪体验的滑雪场营销能力提升策略。本部分结合对高山滑雪体验的测量、影响滑雪成瘾的机理及溢出效应的研究结论，结合滑雪场营销管理的实际情况，针对性地提出了提升滑雪场营销能力的优化策略。

本书通过扎根理论方法界定了高山滑雪体验的定义和维度构成，开发了高山滑雪体验的测量量表，丰富了对高山滑雪体验的定量研究，为后续实证分析提供了测量工具。本书通过对高山滑雪体验影响滑雪成瘾的机理进行探索性研究，构建了高山滑雪体验影响滑雪成瘾的机理研究模型，并对其进行了实证检验，拓展了对滑雪成瘾机理的研究；通过构建高山滑雪体验的溢出效应模型和实证分析，验证了高山滑雪体验对生活幸福感的影响，进一步拓展了对高山滑雪体验的影响路径研究。本书对高山滑雪体验影响成瘾的机理和溢出效应进行了分析和验证，既对体验营销理论在高山滑雪领域的应用具有理论贡献，也为滑雪场营销能力的提升提供了实践启示。

目　　录

第1章　绪论

1.1　研究背景

随着 2022 年北京冬季奥运会的成功举办，我国高山滑雪运动进入蓬勃发展的新时期。高山滑雪是一项极具魅力的运动，具有参与性、刺激性、趣味性、娱乐性和挑战性等特点，获得了广大运动爱好者的钟爱，被称为健康的"白色鸦片"（吕瑞华和李宝国，2021；张玲，2022）。我国消费者的滑雪热情和滑雪参与度大幅提升，高山滑雪运动越来越受到人们的青睐（宋宇虹和王飞，2022；王恒和宿伟玲，2023）。

高山滑雪运动是通过体验感的不断变化和升级而形成的持续性参与的运动。初次接触高山滑雪运动时，运动者感受更多的是恐惧感和刺激感，但随着滑雪技术的逐步娴熟，运动者将感觉到高山滑雪体验带来的快感变得越来越强烈。高山滑雪具有极强的灵活性、刺激性和观赏性（张玲，2022）。高山滑雪体验展现了滑雪者自我挑战和回归自然等期望，同时，高山滑雪需要依托雪资源、滑雪赛道和产品规划等多方面资源（张德成，2002；裴艳琳，2010）。高山滑雪运动产生的愉快感、心流体验、畅爽体验，正是消费者日常生活审美化存在的形式（杨志林和王晶波，2021）。

现有文献对高山滑雪体验研究沿着三条关键路径展开：第一，高山滑雪体验的维度结构；第二，高山滑雪体验的影响因素；第三，高山滑雪体验的影响效应。

第一，高山滑雪体验维度结构的研究。学者认为，高山滑雪体验是消费者对滑雪质量评判的重要尺度和标准（王飞，2018）。关于高山滑雪体验维度的研究，学者主要从速度体验、自然体验、行为体验和心流体验等维度展开（吴小梅，

2014；苏树斌，2015；柯营营等，2019）；王飞等（2018）认为，滑雪过程中的体验推动分为成就感体验推动、刺激感体验推动和满意感体验推动三个维度，具有满足滑雪者心理需求和引导滑雪场提供高质量服务的重要价值。

第二，高山滑雪体验影响因素的研究。高山滑雪是一项刺激并且容易成瘾的体育活动，好的滑雪技术能为滑雪者带来更好的滑雪乐趣和滑雪体验（王飞和朱志强，2017）。滑雪场环境同样是影响滑雪体验的重要因素，包括天然地理环境和人文环境。柯营营等（2019）指出，滑雪场的自然环境能给滑雪者带来良好的自然体验。滑雪场的设施质量、旅游产品信息是影响大众参与滑雪运动时长、频次的关键因素（Hetland，2022）。个体技能与滑雪挑战处于相对平衡状态是滑雪者获得体验的关键影响因素，滑雪体验感表现为成就感体验和满足感体验两种形式（李新静等，2022）。

第三，高山滑雪体验影响效应的研究。高山滑雪体验对消费者情绪和消费者忠诚度有正面影响作用，较好的滑雪体验有助于消费者培养滑雪的兴趣爱好，从而获得成就感，进而有助于消费者对高山滑雪这项运动产生持久兴趣和稳定的忠诚度（张善斌等，2018）。这种针对高山滑雪稳定的忠诚度被学者们定义为"高山滑雪成瘾"（Habelt et al.，2022），滑雪成瘾者对滑雪活动有着永不满足的渴望。积极的内在体验使滑雪成瘾者对滑雪运动产生较强的自我效能感和成就感。体验的最终结果关系到滑雪者的兴趣，也成为滑雪人口转化的关键性因素（王飞等，2017）。

1.2 研究缺口与问题提出

从现有的研究成果来看，体验营销理论与高山滑雪运动领域的交叉研究十分匮乏，现有体验营销的理论不能够直接应用于高山滑雪领域，需要结合高山滑雪的独特环境对高山滑雪体验进行深入研究。此外，现有文献对高山滑雪体验的研究处于起步阶段，对其内涵的理解和维度的界定不清晰；虽然有些文献在理论层面对高山滑雪体验影响效应进行了探索，但多为描述性分析和案例研究，更没有深入地对高山滑雪体验影响滑雪成瘾的机理和溢出效应进行量化分析和实证检验，因此对实践的指导意义不大。基于以上研究缺口，本书要解决的问题如下：

第一，如何界定高山滑雪体验的内涵并进行测量？高山滑雪体验是本书的重要研究问题，而目前国内外关于高山滑雪的内涵研究较为宽泛，对高山滑雪体验维度研究不够深入。本书通过文献研究、深度访谈，运用扎根理论方法对高山滑雪体验的内涵和维度进行探究和明确，并在此基础上开发测量量表。

第二，高山滑雪体验影响滑雪成瘾的机理是什么？现有文献尚未明确高山滑雪体验是否对滑雪成瘾产生影响，也未阐述清楚成瘾机理是什么。本书以认知→情感→行为模型为理论基础，构建高山滑雪体验影响滑雪成瘾机理的研究模型，并采用实证方法对其进行分析和检验，厘清高山滑雪体验对滑雪成瘾的机理。

第三，高山滑雪体验除了影响滑雪成瘾，是否存在溢出效应？即对滑雪者的生活幸福感是否产生影响，现有研究成果缺乏探讨。本书基于S-O-R理论构建高山滑雪体验溢出效应研究模型，通过实证分析检验高山滑雪体验对消费者生活幸福感方面的影响效应。

第四，如何应用本书的研究结论进一步提升滑雪场的营销能力？这个问题具有重要的实践指导意义。本书根据对高山滑雪体验内涵、测量量表及影响滑雪成瘾的机理和溢出效应等研究的结论，结合滑雪场的营销管理实践，对滑雪场营销能力提升提出针对性的优化策略。

1.3 研究意义

1.3.1 理论意义

第一，丰富了对高山滑雪体验的理论研究。高山滑雪运动在我国处于初期发展阶段，因此对高山滑雪体验内涵、维度及影响的研究较少，特别是对高山滑雪体验的影响效应研究多聚焦在旅游体验和运动感受上，缺少对滑雪成瘾及溢出效应的探索。本书通过开发高山滑雪体验的测量量表、探索其影响滑雪成瘾的机理及溢出效应，丰富了高山滑雪体验的理论研究。

第二，开发了高山滑雪体验的量化测度工具。通过对文献的梳理和分析发现，对高山滑雪体验的研究多聚焦在案例研究和描述性研究方面而缺少对其进行量化分析，因此本书按照一定的操作程序和步骤，借鉴已有文献研究和深度访谈内容开发设计出测量高山滑雪体验包括 12 个题项在内的测量量表，提供了对高山滑雪体验的量化分析工具，为深化高山滑雪体验的相关研究奠定了基础。

第三，拓展了对高山滑雪体验影响效应的理论研究。通过对文献的梳理和研究发现，对高山滑雪体验影响效应的理论分析和量化研究比较匮乏。本书采用深度访谈和扎根理论方法对高山滑雪体验影响效应进行探索性分析，构建了高山滑雪体验影响滑雪成瘾的机理及溢出效应研究模型，并通过结构方程模型进行实证检验，为高山滑雪体验影响效应的后续研究提供了实证证据和理论参考。

1.3.2　现实意义

第一，有助于滑雪场管理者理解和重视高山滑雪体验的重要作用，为通过提升高山滑雪体验优化营销策略奠定了基础。高山滑雪体验对于滑雪场而言是一个较为陌生的概念，高山滑雪体验是什么，如何测量，作用如何？这些问题还没有得到彻底回答，管理人员对高山滑雪体验的理解很模糊，高山滑雪体验尚未得到管理人员的重视和应用。本书有助于滑雪场管理者对于高山滑雪体验作用的理解和重视，借助高山滑雪体验的概念、维度和测量量表分析解决实际问题，更有效地发挥高山滑雪体验的影响效应，对滑雪场营销能力的提升具有重要的现实意义。

第二，有助于滑雪场管理者厘清高山滑雪体验影响滑雪成瘾的实践路径，为通过高山滑雪体验吸引更多滑雪者提供方法路径。目前体验营销应用领域非常广泛，涉及产品设计、品牌推广、渠道设计等方面，然而，体验营销如何在高山滑雪领域进行应用的实践研究匮乏。本书解释了高山滑雪体验影响滑雪成瘾的机理、消费者情感的中介作用和勇气水平的调节作用机理，解决了体验营销在高山滑雪领域的应用问题，为滑雪场管理者提供了通过提升消费者的高山滑雪体验，从而促进消费者滑雪成瘾的思路，这对滑雪场管理者明确如何发挥高山滑雪体验效力具有重要的实践意义。

第三，有助于滑雪场管理者认清高山滑雪体验提升消费者生活幸福感的作用，为滑雪场管理者创新营销手段提供新思路。本书通过对高山滑雪者的深度访谈和扎根理论编码发现，高山滑雪体验不仅对消费者滑雪成瘾产生影响，还通过感知价值对消费者的生活幸福感产生了影响，也就是说高山滑雪体验产生了溢出效应。以往对高山滑雪体验的影响效应研究仅仅局限在滑雪场范围内，其溢出效应研究使人们认识到高山滑雪体验影响效应延伸到了滑雪者的日常生活之中。本书能有效激发滑雪场管理者的创新意识，为提升滑雪场营销能力提供了新思路。

1.4 研究内容和方法

1.4.1 研究内容

本书涉及四项主体内容，具体如下：

第一，高山滑雪体验的内涵界定和量表开发。首先，本书基于对文献的研究及扎根理论方法分析结果界定高山滑雪体验的内涵，明确高山滑雪体验的3个维度结构，即沉浸体验、速度体验和自然体验；其次，通过引用文献中的成熟量表和自行开发的构念量表设计高山滑雪体验的初始测量量表，并以高山滑雪爱好者为研究对象发放和回收问卷；最后，结合问卷数据对高山滑雪体验量表进行描述性统计分析、探索性因子分析和验证性因子分析，最终构建高山滑雪体验测量量表。

第二，高山滑雪体验影响滑雪成瘾的机理研究。在文献研究、扎根理论方法分析的基础上，构建高山滑雪体验影响滑雪成瘾的机理研究模型。模型包括高山滑雪的沉浸体验、速度体验、自然体验3个维度，消费者情感的愉快和唤醒2个维度，勇气水平和滑雪成瘾等7个构念，其中，高山滑雪体验正向影响滑雪成瘾，消费者情感在高山滑雪体验与滑雪成瘾之间起中介作用，勇气水平在高山滑雪体验与消费者情感之间起调节作用。本书应用结构方程模型对研究模型进行检验。

第三，高山滑雪体验的溢出效应研究。通过扎根理论方法进行探索性研究发现，高山滑雪体验除了对消费者滑雪成瘾产生影响外，还对消费者生活幸福感产生影响。本书构建了高山滑雪体验溢出效应研究模型，研究模型包括高山滑雪体验3个维度、消费者感知价值的2个维度及生活幸福感共6个构念，其中，高山滑雪体验正向影响消费者生活幸福感，消费者感知价值在高山滑雪体验与生活幸福感之间起中介作用。本书通过结构方程模型对研究模型进行实证检验。

第四，基于高山滑雪体验的滑雪场营销能力提升策略。结合本书对高山滑雪体验的内涵、测量、影响滑雪成瘾的机理及溢出效应的研究结论，并结合滑雪场营销管理实际，针对性地提出提升滑雪场营销能力的优化策略。

1.4.2 研究方法

本书采取质性研究和量化研究相结合的方式,所用到的具体研究方法如下:

文献分析法。高山滑雪体验问题属于富有研究价值但研究成果相对较少的研究领域。本书对高山滑雪体验、滑雪成瘾、溢出效应等领域研究成果进行了梳理与分析,及时掌握最新研究动态,为高山滑雪体验研究提供了理论基础。

深度访谈法。本书旨在通过个体对高山滑雪经历回顾及体验表达建构高山滑雪体验这个议题,通过设计访谈提纲、开展深度访谈为研究主题收集资料,为分析高山滑雪体验影响滑雪成瘾的机理和溢出效应提供素材。

扎根理论研究法。考虑到应用西方情境中的理论和构念来解释我国情境下的管理问题并不一定适合,本书通过扎根理论方法探索具有中国特色的高山滑雪体验,对高山滑雪体验影响滑雪成瘾的机理和溢出效应进行研究。

问卷调查法。除了深度访谈法,本书对高山滑雪体验测量量表的开发、高山滑雪体验影响滑雪成瘾的机理及溢出效应的研究等问题也采用问卷调查方法进行资料收集,并进一步对各变量间的关系进行统计与分析。

统计分析法。本书在对高山滑雪体验的测量量表开发、高山滑雪体验影响滑雪成瘾的机理及溢出效应的研究中,应用描述性分析方法、主成分分析方法和结构方程模型等方法,对通过调查问卷收集到的数据进行分析。

1.4.3 技术路线

本书的技术路线如图 1-1 所示,遵循研究思路、研究内容和研究方法 3 个维度对本书的思路进行描述和整理,核心步骤如下:

第一,确定选题方向及研究方案,即本书第 1 章。本书通过对现有文献进行梳理研究,确定以高山滑雪体验的测量、影响滑雪成瘾的机理及其溢出效应为研究主题,明确研究内容、研究方法、主要创新点及理论和实践意义。

第二,进行文献和基础理论研究,即本书第 2 章。本书采用文献研究的方法,对现有相关理论及文献进行系统梳理和深入分析,进一步进行文献述评,找出对高山滑雪体验研究的不足之处,明确本书的研究方向和基础理论视角。

第三,通过深度访谈和扎根理论研究法,根据规范化的流程和步骤,对高山滑雪体验维度构成、影响滑雪成瘾的机理及溢出效应进行探索性研究,构建本书整体研究框架,为后续进行深入研究提供研究方向,即本书第 3 章。

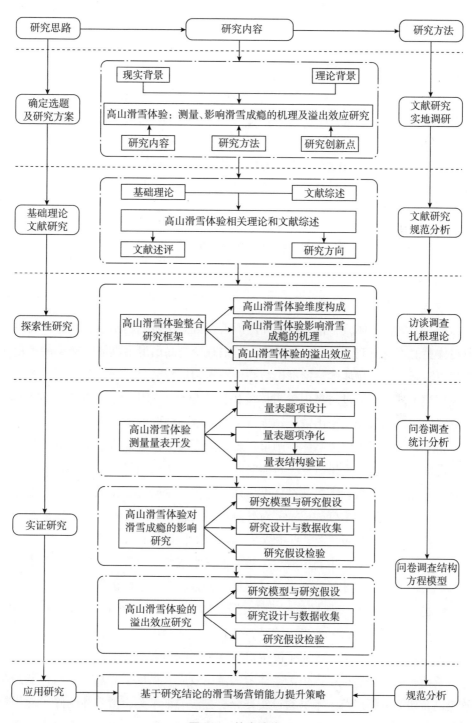

图1-1 技术路线

第四，通过问卷调查和统计分析的方法，本书开发了高山滑雪体验测量量表，量表包括沉浸体验、速度体验和自然体验3个维度共12个题项，为研究高山滑雪体验影响滑雪成瘾的机理及溢出效应提供量化工具，即本书第4章。

第五，在高山滑雪体验量表开发的基础上，结合相关理论构建高山滑雪体验影响滑雪成瘾的机理及溢出效应的研究模型，通过问卷调查方式收集数据，并应用统计分析方法和结构方程模型对研究模型进行检验，即本书第5章和第6章。

第六，结合对高山滑雪体验的测量、影响滑雪成瘾的机理和溢出效应的研究结论，针对性地提出提升滑雪场营销能力的优化策略，即本书第7章。

1.5 主要创新点及研究局限

本书创新点主要包含以下四个方面：

第一，完善了体验营销理论在高山滑雪领域应用研究的不足，丰富了对高山滑雪体验的理论研究。目前，我国体验营销理论与高山滑雪领域的交叉的理论研究相对匮乏，本书将体验营销理论与高山滑雪领域相结合，为对高山滑雪体验的研究搭建了桥梁。通过对高山滑雪体验的深入研究，探索高山滑雪体验的测量、影响滑雪成瘾的机理及溢出效应，丰富了高山滑雪体验的理论研究。

第二，开发了高山滑雪体验测量量表，为开展实证研究提供了测量工具，丰富了高山滑雪体验的定量研究。目前对高山滑雪体验的测量量表研究较少，缺乏完善的量化分析工具。本书通过深度访谈、扎根理论研究、文献研究等方法，明确了高山滑雪体验的维度构成，并对其测量量表进行了开发和验证，为后续进行的实证研究提供了测量工具，拓宽了对高山滑雪体验的实证研究。

第三，构建并验证了高山滑雪体验影响滑雪成瘾的机理，探索了高山滑雪体验影响滑雪成瘾的新途径。本书通过实证分析方法验证了高山滑雪体验影响滑雪成瘾的机理，探讨了消费者情感对高山滑雪体验与滑雪成瘾关系中的中介作用，拓宽了消费者体验到行为的影响路径，并利用消费者勇气水平作为调节变量研究其对消费者情感的影响，丰富了高山滑雪体验影响滑雪成瘾的理论研究。

第四，分析并验证了高山滑雪体验的溢出效应，拓展了对高山滑雪体验影响效应进行研究的新思路。本书通过实证分析方法验证了高山滑雪体验除了对滑雪成瘾产生影响，还对滑雪者的生活产生了溢出效应，即高山滑雪体验对滑雪者的生活幸福感产生了正向影响，消费者感知价值在高山滑雪体验与生活幸福感的关系中起着中介作用，这一结论进一步拓宽了对高山滑雪体验的影响路径研究。

由于历史文献中关于高山滑雪体验的研究较少，对高山滑雪体验的测量及影响效应还处于理论研究阶段，因此本书存在以下四个方面的研究局限，这也是未来的研究方向。

第一，研究选择的样本具有局限性。我国的滑雪场呈区域分布，包括黑龙江片区、吉林片区、崇礼片区和新疆片区，除四个片区之外，我国的一线城市、二线城市也存在着一些室内滑雪场。本书选择的样本为黑龙江亚布力阳光滑雪场的高山滑雪爱好者，区域上有一定的局限性。在今后的研究中，可通过增加不同区域的高山滑雪爱好者的访谈，对本书的研究主题进行补充研究。

第二，变量测量的方法具有局限性。本书对量表的设计，除了高山滑雪体验量表之外，其他采用的是成熟量表，保证了一定的信度、效度。但是，除了消费者情感采用经国外和国内学者共同验证的量表，其他构念的量表均是采用国外的量表。而这些量表的开发都基于西方情境，将其应用于我国情境下的管理研究存在一定的局限。因此，未来的研究应该开发基于中国情境的量表。

第三，检验方法的局限性。本书使用问卷调查法获取数据，并应用结构方程模型检验假设，未来也可以将管理学领域新兴的全景式研究方法引入，综合利用仿真研究、案例研究、实验研究等方法探索和完善变量间的内在联系，为滑雪体验影响机理的研究提供更为精准的参考和借鉴。

第四，变量选择的局限性。本书以高山滑雪体验为自变量，研究其对滑雪成瘾及生活幸福感的影响，但在管理实践中，对滑雪成瘾及生活幸福感的影响因素有很多，中介变量和调节变量也很多，如价格、气候、服务等，因此，在未来的研究中可探讨其他因素对高山滑雪成瘾及生活幸福感的影响。

1.6 章节安排

第 1 章是绪论。本章主要阐述现实背景、理论背景和现有研究缺口，提出本书要解决的主要问题，解决了这些问题带来的理论意义和实践意义，设计了本书的总体研究思路，并提出了本书的创新点。

第 2 章是高山滑雪体验理论基础和研究综述。本章对高山滑雪体验、滑雪成瘾、溢出效应等相关理论及相关文献研究进行梳理和研究，并结合文献研究现状进行述评，为提出本书所要解决的研究问题奠定了理论基础。

第 3 章是高山滑雪体验整合研究框架。采用扎根理论方法对深度访谈资料进行分析，并结合对相关文献的梳理和研究，明确高山滑雪体验的 3 个维度，发现了高山滑雪体验影响滑雪成瘾的机理及溢出效应。

第 4 章是高山滑雪体验测量量表开发。本章在文献研究和深度访谈的基础上，确定了高山滑雪体验的初始测量量表，并应用探索性因子分析和验证性因子分析等方法对量表的内容和质量进行了分析验证，最终完成了高山滑雪体验测量量表的开发。

第 5 章是高山滑雪体验对滑雪成瘾的影响研究。构建高山滑雪体验影响滑雪成瘾的机理研究模型并提出研究假设，以问卷的方式收集和整理数据，使用结构方程模型对相关假设进行检验，验证了高山滑雪体验影响滑雪成瘾的机理。

第 6 章是高山滑雪体验的溢出效应研究。结合探索性研究和文献分析构建高山滑雪体验溢出效应研究模型，以问卷方式收集和整理数据，并运用结构方程模型对高山滑雪体验溢出效应进行验证。

第 7 章是基于研究结论的滑雪场营销能力提升策略。本章将高山滑雪体验的测量、影响滑雪成瘾的机理和溢出效应的研究结论与滑雪场营销实践相结合，针对性地提出了提升滑雪场营销能力的优化策略。

第 2 章 高山滑雪体验理论基础和研究综述

本章以高山滑雪体验的测量、影响滑雪成瘾的机理及溢出效应为研究主题进行了理论基础分析和文献回顾。通过对相关理论基础的分析，为构建高山滑雪体验影响滑雪成瘾的机理及溢出效应的内在影响机理、构建研究模型奠定理论基础；通过文献回顾，对相关概念进行界定和已有研究的全面梳理评述，进一步得出现有文献关于高山滑雪体验的测量、影响滑雪成瘾的机理及溢出效应研究的不足之处和理论缺口，明确切入点和研究思路。

2.1 理论基础

2.1.1 S-O-R 理论

S-O-R 是认知主义提出的一种学习理论，是指刺激—机体—反应（Stimulus-Organism-Response，S-O-R）理论模型（见图 2-1），最初由环境心理学家 Mehrabian 和 Russell 于 1974 年提出，其中 S 代表受到内部或外界环境的刺激，O 代表有机体内在情感上的变化，而 R 则代表有机体所体现的心理或行为反应。

图 2-1 S-O-R 理论模型

该模型在购物情境中可以理解为消费者在受到各种内部刺激或外界环境的刺

激之后会产生一系列的心理变化，即产生动机，在动机的驱使下，消费者会产生购买意愿或做出购买商品的决策，从而完成购买行为。张磊和陈红华（2019）基于 S-O-R 理论和计划行为理论，构建了全渠道营销协同影响消费者购买意愿的研究模型，分析验证零售商全渠道营销协同对消费者购买意愿的影响因素。结果表明，产品协同态度、主观规范和知觉行为控制显著正向影响消费者购买意愿。刘畅等（2021）认为碎片化阅读已经成为人们生活中获取信息的一种重要方式，借助 S-O-R 理论探究此过程中用户信息焦虑行为的机理及各构念之间的相互作用模式，验证了用户能力特征的调节作用，以及信息因素和环境因素对情感认知的影响。李连英和成可（2023）以南昌市的 377 名消费者作为调研对象，通过 S-O-R 理论构建研究模型检验了影响消费者购买网络直播生鲜农产品意愿的机理。结果表明，任务契合度、互动性和主观规范对消费者感知有用性具有显著的正向影响，从而影响消费者的购买意愿。王浩东和赵彩怡（2023）利用 NVivo 12 和 CiteSpace 两款软件对现有文献进行了梳理和可视化分析，并基于 S-O-R 模型构建了个性化网络广告对消费者影响的理论研究框架，使个性化网络广告对消费者心理状态及行为反应的影响变得较为清晰。

2.1.2 认知→情感→行为理论

认知→情感→行为理论是关于人类行为产生过程的重要理论。1960 年，多位学者提出了 ABC 态度学说，他们认为：态度是按照某一种特定的方法对特定目标做出的预设反应，包括认知、情感和行为。其中，认知是指基础条件，是个体对某一事物的认识、理解与评价；情感是指个体对特定事物的直接感觉，或者是在某种事物的刺激下的情绪状态；行为是指个体对于特定事物的反应倾向，可表现为表达态度时所展现出来的语言与行为。这一理论阐释了认知→情感→行为的相互联系，个体首先通过知识、经验和判断形成认知，然后基于事物对于人的价值关系产生相应的情感，最后在情感的基础上引发个体的行为。认知、情感与行为之间存在递进关系，认知和情感都将通过行为体现出来，认知是情感产生的直接因素，情感驱动行为，在认知与行为的关系中，情感起中介作用。

认知→情感→行为理论被广泛应用于消费行为领域。Liu 等（2017）认为，在认知→情感→行为理论模型中，消费者认知首先影响消费者情感，然后影响消费者行为，具有较强环保意识的消费者表现出对环境担忧的一种状态，产生支持环境保护的行为。张季屏（2022）借鉴认知→情感→行为态度理论，从认知、情感、行为意向 3 个维度分析发现，大学生消费观由认知认同、情感认同和行为倾向认同构成，同时验证了消费的持续性、满意度、针对性及接受度均对大学生心理认同有正向显著影响。陈佳琦等（2022）基于认知→情感→行为理论的研究模型，验证了感知价值对满意度的正向影响，从而影响消费者的忠诚度。实验结果表明，环境质量与服务水平是红山森林动物园的建设与管理过程中两个需优先考虑的因素。

2.1.3　人格特质理论

人格作为一种特征是多方面的，但通常可以被定义为个体随着时间推移的稳定行为倾向，或者导致这种行为的心理特征。人格特质理论（Theory of Personality Trait）最早起源于 20 世纪 40 年代，1949 年，美国心理学家雷蒙德·卡特尔（Raymond Bernard Cattell）使用因素分析法提出了 16 种相互独立的根源特质，并编制了《卡特尔 16 种人格因素测验》。1961 年，美国社会心理学家 Allport 提出，特质（Trait）是"一种普遍的类似行为的倾向系统"，也是人格结构和组成的核心内容和最基本单位，其地位举足轻重。人格特质是一种心理结构，这种心理结构能使人的行为倾向表现出持久性、稳定性和一致性的心理特点，它反映了个体行为的一致性与规律性。

人格特质理论并不是把人格分为绝对的类型，而是通常认为人格存在一些特质维度，每个人在这些特质上有不同的表现。人的行为之所以有差异，就在于不同的人有着不同的特质表现程度，形成不同的特质构型。李雪松等（2022）基于人格特质理论，运用内容分析法、扎根理论研究法，探究东南亚国家人们对中国旅游目的地在性格维度层面的感知强度和差异，研究表明：根据感知强度大小，东南亚国家人们对中国旅游目的地性格维度感知依次是能力、真诚、魅力、友善和侠义。王玲桂等（2021）结合人格特质理论、唤醒理论、计划行为理论和风险平衡理论，进行了对行人的人格特质与交通事故发生概率的心理机理的研究，结果表明：这些理论可以全面系统地解释这些人格特质对行人行为的作用机理。孙晓茜（2022）以山东 4 座城市的 5 所高校大学生为研究对象，通过文献分析法和问卷调查法对网红经济背景下山东省大学生的人格特质、自我控制能力、领悟社会支持水平、体育消费行为的现状和特征等问题进行研究，结果表明：网红经济下，大学生的人格特质、自我控制、体育消费行为之间相互影响，自我控制在人格特质与体育消费行为之间起中介作用。有研究者认为，勇气是人格特质的重要组成部分，也是领导者必须具备的特质之一，勇气可以通过长时间的训练加以培养和提高（Sekerka et al.，2009；Van Dierendonck and Nuijten，2011）。

2.1.4　体验营销理论

体验营销的相关概念最早由伯德·施密特（Brend H. Schmitt）提出，他认为体验营销是从顾客的感官、情感和思想等几个层面出发进行营销，他提出了战略体验模块，即感知体验、情感体验、创造性地理解体验、思考体验、生活形态体验、特定人群或与文化有关的社会识别体验。伯德·施密特从感官、情感、思维等方面对体验营销进行重新定义，表达出消费者对产品思维或行为上的认同，体验营销有助于提升产品的价值，它是消费者在参与某件事情后内心受到某种刺激而诱发内在动机，从而影响消费者的购买行为，达到最终的销售目的。

体验营销策略主要涉及以下几种类型：

感官体验营销策略。感官体验具体是指通过人的感官能够感受到的一些形式，在接触环境和事件后，以亲身体验的方式，创造消费者能够体验感受的知觉上的体验（蔡丹红等，2016）。感官体验是一切体验的基础，是消费者体验最直接、最基本的形式。美国认知心理学家唐纳德·诺曼（Donald Arthur Norman）在《设计心理学》中提到，达成感官愉悦体验的设计，不一定是伟大的设计，但感官营销一定是指可以融入消费者的感官体验，并影响其感知、判断和行为的营销方式（Krishna，2010，2012）。感官体验为顾客创造感知体验，感官体验营销策略是让消费者通过人的感官能够感受到的一些形式来体验产品或服务。感官体验营销的核心内容是研究如何将企业的价值观准确地传递给消费者，并利用不同的感官体验营销策略塑造企业形象，使企业或产品与其他竞争对手有明显的区隔，使消费者获得良好的消费体验，更深层次地认识产品，带来不同的体验，从而激发消费者的购买意愿，感官营销的运用对于企业的第一印象建立显得尤为重要。通过感官体验营销，将企业的核心价值与消费者的个人感官体验紧密契合，向消费者持续、统一地传递信息，建立起牢固的消费者与企业或产品之间的忠实关系，从而推动产品的市场推广。Brend H. Schmitt 相信消费者是有消费体验需求的，他们希望能够被激发、被娱乐、被教育、被挑战，希望品牌能够提供给他们某种体验，让消费体验需求成为生活的一部分。既然如此，能否通过感官体验营销推动购买行动，激发消费者的消费欲望与消费热情，就成了企业的重要课题之一。感官体验会正面影响消费者的重购行为（Lucia-Palacios and Pérez-

López，2023），Brakus 等（2009）认为顾客对品牌刺激物（产品、包装、广告等）形成的个性化感受会直接或间接地影响顾客的消费满意度和忠诚度。在感官体验营销中，无论是视觉元素还是触觉元素，都对品牌态度、消费者满意度及再访意向产生了显著的影响。所有的营销活动是以消费者体验为中心，满足消费者个性需求的感官体验营销模式为最终目的，为消费者提供更优化的服务体验，从而提升消费者的再访意愿。

情感体验营销策略。情感体验是指顾客在情绪上的反应，是顾客在进行各种活动（如互动等）时所产生的主观情绪感受（李海廷和周启龙，2023）。情感体验是利用一些情绪刺激（包括活动、催化剂和对象等），引出一种情绪或烘托特定的情绪，影响顾客的情绪和感受，激发顾客主动参与其中。企业需要感知客户的情感需求，并通过获得相关的设施来让用户能够体验这种需求，并在这个过程中能够感受到心满意足、轻松愉快的一些正面能量。当各种正面的或负面的情绪出现在情感体验中，影响的不仅是客户的体验，还有客户的满意度、忠诚度，进而影响到他们后续的行为意向。情感体验可以大大提升用户体验价值，但同时又和用户的知识体验和文化背景有着极其紧密的联系（Dini et al.，2022）。情感体验式营销要求在营销过程中触及消费者内心情感，创造情感体验，使消费者自然地融入情景中。满足消费者心理需求，并与之建立深度持久的情感共鸣，才是情感体验营销的关键所在。情感体验研究在国内刚刚起步，还没有引起足够重视，但在西方学术界，已经卓有成效。Liu（2022）结合"人宠互依"，从情感体验设计角度提出了创新方案。情感体验在一定程度上影响了移动短视频用户的持续使用意愿（张洪等，2022），无论是情感体验还是客户信任体验（毕达天和邱长波，2014），都对客户忠诚度产生了明显的影响。客户体验通常通过客户情绪影响客户忠诚度，感官体验直接影响客户品牌忠诚度，客户体验通过情绪反应间接影响购买意愿，情感体验对享乐价值和关系价值正向影响显著（刘宇涵和于苗，2019）。情感体验营销就是要充分利用客户的内心感受和情感，创造出对企业产品、服务、品牌的好感或愉悦的情绪，同时需要深入了解哪些刺激因素可以激发客户的特定情绪，应该如何通过触动消费者的内心，对这些因素进行有效的刺激，从而使他们在愉悦中得到满足，提升对企业的满意度。通过调整消费者的舒适感、满足度和兴奋等情绪驱动方式，还有消费者根据自己的偏好做出的行为，以及 Pine 和 Gilmore（1998）阐述的如梦一般的体验，可以增加企业产品或服务的价值。

思考体验营销策略。感官、情感、思考等体验维度都属于因人而异、不可复制的个人体验，在营销服务的过程中，相应的产品和服务能够给客户带来一定的思考，激发他们的兴趣，让客户来体验服务过程。消费者在消费过程中获得相关知识或思想交流进步的体验感，称为思考体验。思考体验引发消费者进一步思考，让他们积极参与解决问题（齐炳金和武忠，2015），通过创造新奇感来激发用户的好奇心。以创造消费者解决问题的体验为目标，激发消费者的思考型动机，让顾客创造认知的体验，以创意的方式解决问题。思考体验能够让用户开拓自身的想法，这样能够解决产品出现的一些问题，让消费者之间能够出现共鸣，从而让他们提出对应的方案。思考体验营销这种营销方式是通过创意来激发消费者的兴趣，通过这种方式能够让消费者采用发散思维，从而越来越关注产品，达到营销的目的（侯鹤南，2013）。思考型体验式营销的主要诉求是智慧型的体验式的创造，为客户排忧解难。思考体验通过让消费者对获取的信息进行思考来引导其重购行为，具有长期影响的特点（Lucia-Palacios and Pérez-López，2023）。体验式营销普遍采用思考式体验（蒋天琳，2016；刘宇涵和于苗，2019），思考式体验也被应用在了对赛事认同有显著积极影响的赛事上，但对球迷忠诚度的直接影响并不显著（李孟伦，2022）。

行动体验营销策略。行动体验是指通过向客户展示不同的处事方式、生活方式和互动方式来强化客户的身体体验，目的是激励客户主动参与，从而获得更深刻的感受，创造与更长久的行为模式或生活形态有关的体验。行动体验旨在影响人的身体体验或影响人的生活方式，以互动的形式丰富顾客的生活，通过改善消费者的生理体验，展示不一样的行为方式和生活方式。最常用的行动体验设计就是形象代言人的设计，可以让消费者通过形象代言人的行为体验直观感受到产品的相关功能，从而更好地售出产品，是企业在一些营销活动中采取的措施。行动式体验营销是指通过消费者身体体验方式的增加来加强商品的吸引力，即企业将生产的产品按照消费者的行为、爱好，甚至购物习惯推荐给消费者的体验方式（侯鹤南，2013）。

2.1.5 顾客体验理论

很多企业（特别是服务行业）为了增强其自身竞争优势，都想为顾客提供独特的体验感受，这已经成为近年来越发显著的一种趋势。顾客体验是一种感知，这种感知是在认知、拥有、使用直至抛弃一件商品或一项服务的过程中积累的。国外从不同角度对顾客体验的概念进行了界定，如表 2-1 所示。

表 2-1　顾客体验的概念

年份	学者	概念
1970	Toffler	顾客体验是商品和服务心理化的可交换物
1999	Pine Gilme	从商业角度说，顾客体验是个性化地吸引个体的事件
2003	Lasalle	全面体验是将自然人看作可以与企业或他人发生一切互动的整体，并且这个整体所引发的全面感受
2011	Britton Ahmed Rageh	顾客体验是在消费的前、中、后期通过与企业的积极互动和参与所引发的情感、感受的感觉、获取的心得和需要的技术
2020	Cetin	顾客体验也被视为更乐观和情绪化的人由于意外事件引发的特殊感受
2022	Shaoju	顾客体验是人在某种与物或者事发生关系的活动中产生的主观心理感受

通过比较表 2-1 中学者对"顾客体验"概念的定义可以得出，顾客体验是发生在消费过程中的、能够满足顾客认知需求和情感需求的经历。它能够提升顾客对某种产品、服务及环境的感知质量，而顾客感知则包含理性和感性两个层面：理性层面是对产品或服务的认识及判断，从而给出客观正确的评价；感性层面更多的是从感官刺激、环境享受及情感联系等方面表现出来。相比之下，感性层面中由于主要依靠情感和情绪的作用而显得更具影响。同时，顾客体验不是单独存在的，感性因素和理性因素会互相影响和作用，形成综合的感知价值，进而影响顾客最终的消费决策。

顾客体验是一个非常复杂的概念，它是对顾客个体在特定情境下对外在刺激的内在感知和反应，因此，对其进行测量是一项复杂的工程。研究发现，顾客体验具有动态性、环境依赖性和主观性等特点。当前学者对顾客体验的测度主要采用整体测量法、构念测量法、借鉴测量法等方法（李社球，2018）。张洪等（2022）通过扎根理论和问卷调查等方法，界定了顾客共创体验价值的内涵，并开发了顾客共创体验价值测量量表。

现有研究认为，顾客体验对顾客的影响主要包括心理和行为两个层面：心理层面主要包括态度、满意、信任、忠诚等因素；行为层面主要包括持续使用、重复购买、价值共创等因素（杨学成等，2016）。关于顾客体验的实践意义，Verhoef 和 Donkers（2005）认为良好的顾客体验是企业吸引顾客、留住顾客的重要手段。积极的顾客体验对于改善顾客关系质量具有重要价值。邵腾伟和吕秀梅（2018）通过对电商平台进行研究发现，优质的顾客体验对于实现电商平台商业可持续发展至关重要。张洪等（2022）对社会化媒体赋能的顾客共创体验价值进行了系统研究，结果表明：顾客共创体验价值对品牌资产存在差异化的积极影响。

2.2 高山滑雪体验研究综述

2.2.1 高山滑雪体验的定义界定

（1）高山滑雪体验的内涵

体验是一种在认知、拥有、使用直至抛弃一件商品或一项服务的过程中积累而得来的感知。"体验之父"Toffler 认为，体验是一种由外化的产品和内化的感受组成的具有交换价值的交换物，也被视为更乐观或更情绪化的人们由于特殊事件或意外事件引发的特殊感受（Cetin，2020），而这种感受就是人在某些受之影响的事物中衍生的主观心理感受。这表明体验既是动态的经历和过程，也是静态的感受和认知。体验的要素主要包括情感、信仰、喜好、知觉、生理反应与心理反应（Zong and He，2022）。体验包括的范围较广，不仅有物理、心理层面，也有精神、社会层面，而且涵盖虚拟现实层面（Zou and Ergan，2023）。"体验"的定义既阐述了其社会心理学领域意义，又思考了其经济意义，在此基础上将其引入经济学范畴。体验与如今的体验经济社会相契合。体验经济是在外部条件不变的基础上，展现出具有鲜明服务特色、高服务质量、强顾客体验的满意度，迎合消费者需求及深入体会消费者心理及消费者行为的特点，目的是提高产品的商业价值，为产品开创全新的生存空间，寻找更多的商业价值（王渊，2022）。

高山滑雪体验是滑雪者在滑雪过程中通过观察、仿效等方式所感受到的轻松、变化、新颖等身心放松感。滑雪体验就是滑雪服务的内涵，只是因滑雪服务的细分产品不同，滑雪消费者不同，相应的滑雪体验结果存在差异。但整体上，滑雪体验效果就是对滑雪服务质量评判的最重要标准（王飞，2018），滑雪体验活动凝聚了源远流长的具有中国特色的冰雪文化。滑雪体验是将滑雪运动中的唯美因素提取出来用来哺育生命的一种审美体验，在冬天，滑雪运动是能让人们保持健康活力的最佳方式（Hu and Ito，2020）。张德成（2002）从活动所具有的功能性方面出发，认为滑雪体验具有让消费者突破自己、锻炼身体、享受自然、放松身心等功能。裴艳琳（2010）在总结了大量以前的研究成果后认为，滑雪体验是消费者依赖冰天雪地的独特资源，以滑雪为主要内容，对滑雪运动及自然环境的感受。还有学者对滑雪体验的多方面属性进行深入研究，构建了包括交通、旅游服务、工作人员、天气等 15 个属性在内的滑雪体验属性框架，全面确定了滑雪体验的关键属性。

综上所述，本书的"高山滑雪体验"是指在高山滑雪过程中，滑雪者由于自身动作和外界事物的刺激而诱发的心理感受和情感感知，主要指的是主观感受和感知。

（2）高山滑雪体验的特征

根据现有文献研究，本书认为高山滑雪体验具有以下特征：

一是高山滑雪体验的主观感知性。高山滑雪体验从本质上讲是主观的，在滑雪过程中，每位滑雪者根据自身特有的教育背景、知识结构、职业特点及思考方式等感知高山滑雪环境，并做出主观评价（王若瑾，2022）；同时，滑雪者对高山滑雪体验的评价主要取决于实际体验效果与预期体验的对比，因此，高山滑雪体验是主观的、富有个人感情色彩的（孔栋等，2016）。高山滑雪体验是高山滑雪者内在的、独有的、因人而异的感受，整个体验的过程就是获得感知的过程（许冠文，2023）。

二是高山滑雪体验感知的差异性。在客观环境和主观感知的共同作用下，消费者体验油然而生（Wang et al.，2023）。高山滑雪体验的影响因素众多、机理复杂，对高山滑雪运动的消费体验必然会因为主客观环境的不同而产生差异，不可能同时存在两个或多个完全一样的滑雪体验。高山滑雪体验的差异性是由高山滑雪者自身的性别差异、年龄差异和教育程度差异等多重因素决定的。

三是高山滑雪体验的关联反应性。滑雪者在高山滑雪过程中感受到的一切外部刺激都会与滑雪体验的产生关联密切（戴永娟，2023）。可以说，没有关联和互动，就没有滑雪体验。

（3）高山滑雪体验内涵辨析

为了使高山滑雪体验的内涵更严谨，本书梳理了与高山滑雪体验相类似的四个概念，包括顾客体验、滑雪消费体验、滑雪旅游体验、初级滑雪体验，并将其与高山滑雪体验的内涵对比辨析，进一步确定高山滑雪体验的内涵边界。

1）高山滑雪体验与顾客体验。顾客体验的定义是消费者在认知、拥有、使用直至抛弃一件商品或一项服务的过程中积累而得来的一种感知。也就是说顾客体验是顾客在生活消费中无所不在的感受，不论这种体验是真实的还是梦幻的，都是由亲身实践或自身反馈得到的（Schmitt，2000）。顾客体验的产生过程是消费者在消费的前、中、后期通过与企业或经营者的积极互动所引发的情感、感受，或是信息技术的交换。顾客体验是顾客与消费环境产生联系的过程中集中体现的主观感受及情绪的表达。

顾客体验的本质来源是顾客与企业或经营者之间的一系列消费行为的相互作用，并且双方的影响具有双向性（张运来，2022），其中正向情感和负向情感对顾客体验的影响更大。顾客在消费的过程中更加追求心理上的体验，因此，这就要求企业不仅要为顾客提供产品与服务，还要关注顾客的体验（高春玲，2022）。顾客体验会因顾客参与水平的不同产生不同结果。顾客参与水平取决于顾客的预期感知和其与企业相互作用所带来的刺激水平（Gentile et al.，2007）。

综上所述，高山滑雪体验与顾客体验都是个体的主观心理感受和情感感知，但是两者在产生过程、本质来源及作用上又有不同。高山滑雪体验主要是在高山滑雪的特定环境刺激下产生的，其本质来源完全是个体的主观感受；缺少了这种特定的环境因素，也就失去了体验产生的源头。顾客体验则是个体与经营者在日常环境下相互联系、相互作用产生的。

2）高山滑雪体验与滑雪消费体验。滑雪消费体验是滑雪运动引发的相关消费行为所带来的内心感受。根据滑雪服务的不同，与之相对的滑雪消费体验表达就会有不同的结果，但整体上，滑雪消费体验就是对滑雪相关消费服务质量的评价（王飞，2018）。

滑雪消费体验是用冰雪文化的内涵来达到使消费者在物质和精神两方面高度满足的目的，滑雪消费是一种水平较高的消费活动（李毅等，2000）。滑雪者的最终目标是追求身心放松愉快，而营销者的最终目标是通过设计规划大量与滑雪相关的产品，来刺激滑雪者进行消费，让消费者产生强烈的购买意愿，以参与到滑雪体验当中，或者以滑雪为主要内容来感知滑雪体验及自然体验的消费活动（裴艳琳，2010）。因此，可以将滑雪消费体验概括为包括交通、旅游服务、工作人员、天气等15个属性在内的滑雪消费体验属性框架，这个框架的目的是表现滑雪消费体验是滑雪者对滑雪全过程及滑雪相关消费的感知。

　　综上所述，高山滑雪体验主要是在特定的高山滑雪环境中产生的极具主观特性的身心体验，而滑雪消费体验是对与滑雪相关的多个方面的消费感知。高山滑雪体验属于滑雪消费体验的内在动机，能够持续影响滑雪者消费。通过增强滑雪体验促进深层次的消费感觉，刺激滑雪消费者的消费次数和消费卷入度，提升滑雪消费体验。

　　3）高山滑雪体验与滑雪旅游体验。旅游的本质——体验，是旅游产品及其服务的内核，游客的体验影响其在旅游中的支付意愿、对旅游目的地的口碑（消极/积极）、对目的地的忠诚度，以及目的地本身的产业收入。滑雪与其他旅游相比，休闲及娱乐的属性更加深刻，滑雪旅游是旅游活动和体育活动的结合体。与山地景区、传统古镇、历史遗迹等较为成熟的旅游产品相比，滑雪旅游是一种新兴的山地度假旅游产品（杨润田和徐腾达，2019）。

　　消费者滑雪旅游体验直接受滑雪场的服务质量的影响，但也受到住宿、交通、购物等服务质量的间接影响。徐晓等（2022）通过问卷的方式对张家口滑雪旅游的游客进行调查后发现，消费者对滑雪旅游体验的感知价值主要体现在场内的设施、门票价格、滑雪的风险及滑雪场服务内容 4 个维度。柯营营等（2019）通过对北京滑雪旅游消费者的调查，归纳了滑雪旅游时间轴的 4 个范畴，分别是期待、过渡、现场与反思。李树旺等（2022）创新了服务质量测量工具，对滑雪场的服务内容和要素进行评价。

　　综上所述，高山滑雪体验与滑雪旅游体验都通过滑雪使消费者获得身心体验，但两者的侧重点各有不同：高山滑雪体验的侧重点在滑雪运动本身，高风险和刺激成为消费者最重要的感官体验，消费者更多地体会高山滑雪带来的沉浸体验、速度体验及自然体验；而滑雪旅游体验的侧重点在旅游上，更关注滑雪旅游中的目的地功能、价格、风险、声誉及与其他人的互动。

　　4）高山滑雪体验与初级滑雪体验。由于高山地形的特殊性，滑雪运动的装备和技术最初并不适合山地，直至 19 世纪末期固定器和高山滑雪专用技术的产生，高山滑雪才初具雏形。由于滑雪进入我国的历史尚短，没有形成滑雪休闲度假文化，缺乏吸引滑雪运动的文化势能，尽管有较高的政策属性推动，但过半的消费者参与的仍是一次性的初级体验，缺乏形成高山滑雪体验的积淀（王飞，2018）。滑雪场的培训也会针对滑雪消费者的水平分为初级水平（绿色）、中级水平（蓝色）、高级水平（黑色）、专家（高山）水平，因此在滑雪运动广为流行的北欧，滑雪场规划设计有适合不同年龄、不同水平、不同滑雪项目的匹配项目，初级滑雪运动对滑雪场地的地形与地势的要求很低，在大多数地区可轻松展开，并且初级滑雪运动难度较低，安全性高，技术较易掌握。

综上所述，由于高山雪道较陡并且具有各种障碍，增强了竞技性，消费者专注于高山滑雪带来的愉快、沉浸体验、速度刺激及对于大自然的深刻感知。产生初级滑雪体验的初级道坡度较小，长度较短，安全系数高。高山滑雪体验与初级滑雪体验属于同一事物的不同状态，进行高山滑雪体验的先行条件是已学会初级滑雪。

2.2.2　高山滑雪体验的影响因素

滑雪是一项刺激并且容易成瘾的体育活动。高山滑雪更是速度与技巧、惊险与刺激的完美结合，这种滑雪体验，只有当你亲身经历，才能感受到其带来的乐趣。对这一过程的描述体现了高超的滑雪技术能带来更好的滑雪乐趣和滑雪体验（王飞和朱志强，2017）。Hu 和 Ito（2020）通过对高山滑雪运动的解释，间接说明了当消费者滑雪技术增长时，更能克服滑雪带来的挑战，带来心理的满足，从而获得更好的滑雪体验；而在雪道条件能满足所有滑雪者时，滑雪者在滑雪过程中滑雪技术的好坏也是重要的体验线索，如果水平过低，即便滑雪场条件很好，也无法获得更好的滑雪体验。滑雪场环境同样是影响滑雪体验的重要因素，滑雪场优美的自然环境能给滑雪者带来好的体验（柯营营等，2019）。滑雪场大都依山而建，滑雪者在滑雪的同时能欣赏滑雪场环境的美景，更能长时间体验滑雪的乐趣。滑雪自然体验反映了消费者希望亲近大自然，在优美的户外雪景中滑雪的愿望（王世金等，2019）。随着这种深层次的原因发挥作用，能够不断地推动滑雪体验的增强。在众多影响滑雪体验的因素中，滑雪场提供的滑雪装备也非常重要，许多技术水平高的滑雪者目标在于更高级别的雪道，所以他们对滑雪装备的要求也会特别高；对于初级滑雪者来讲，装备也同样对其滑雪体验产生着重要影响（李新静等，2022）。此外，滑雪场的设施质量、旅游产品信息是影响大众参与滑雪运动时长、频次的关键因素（Hetland，2022）。

Hu 和 Ito（2020）通过研究发现，当滑雪者转变为沉浸消费者之后，以娱乐为主的滑雪体验会转为审美体验，更加关注滑雪场附近优美的自然环境，为滑雪者带来心灵上的刺激，这种刺激的体验对消费者的心理和消费忠诚都存在正向影响（王飞，2018）。当消费者在消费当中产生更好的体验，就会更容易产生积极的情绪，这对提高消费者忠诚度有显著的正向影响（王新新和万文海，2012）。

好的滑雪体验会使滑雪者的技术水平提高、深度开发滑雪的乐趣、培养滑雪的爱好和成就感，进而成为滑雪爱好者，并对认可的滑雪场形成持久的兴趣和忠诚度（王飞和朱志强，2017）。

2.3　高山滑雪体验与滑雪成瘾研究综述

2.3.1　高山滑雪成瘾的内涵

（1）成瘾消费行为

现有关于成瘾的研究主要可以分为 3 大类，包括药物成瘾、行为成瘾及与食物有关的成瘾（Egorov，2013）。关于成瘾行为的普遍观点将其与药物或酒精成瘾，以及成瘾的临床定义的典型特征联系在一起，认为"成瘾"是大脑奖励、动机、记忆和导致生物、心理、社会和精神表现的相关回路的功能障碍。Fournier 和 Alvarez（2013）通过借鉴对酗酒者的研究，报告了成瘾性消费者的一些特征。从酒精成瘾中推断其他形式的成瘾需要经验和理论支持。有学者提出消费者行为成瘾与药物滥用存在差异（Martin et al.，2013），认为"成瘾"一词不应该与药物依赖联系在一起（Cui et al.，2018），这表明并非所有的成瘾行为模式都是病态的。这可以归因于这样一个事实，即任何可以刺激个体的因素都可能会使人上瘾（Alavi et al.，2012；Mrad and Cui，2017）。了解代表人类认知、情感和行动的概念的意义对于理解概念之间的相互关系是至关重要的。成瘾行为出现在购物、技术使用、锻炼、赌博、暴饮暴食等各个方面（Griffiths，1997；Martin et al.，2013）。有学者认为，任何能够立即产生奖励的行为都有可能成为成瘾的焦点（Fattore et al.，2010）。事实上，"成瘾"一词虽然以前仅与药理物质相关，但现在被用来解释购物、锻炼、网络游戏等方面的过度参与行为（Grant et al.，2010；Leeman and Potenza，2013；Weinstein et al.，2014）。

此外，Sussman 和 Sussman（2011）发现，作为一种心理状态或行为模式，成瘾表现为 5 个基本要素：为了渴望效应或动机而追求某种行动（如减少疼痛、增强情感、操纵唤醒或幻想）；专注于表现一种行为的过度欲望，以及无节制实施该行为的时间，导致耐受性和戒断（突然终止一种成瘾行为时经历的生理性不适或获得性不适）；短暂的满足感，有时对目标成瘾行为的强烈欲望很快就会再次出现；失控（成瘾行为已成为自动的行为）；经历负面后果（如身体不适、社会不认可、金钱问题或自尊心下降），随后继续参与成瘾行为。

（2）高山滑雪成瘾的内涵

现代体育科学将以前称为"体育"的健康运动与精英运动或职业运动区分开来，毫无疑问，高山滑雪运动可以提高人们的生活质量。运动成瘾是研究人员经常讨论的话题之一，高山滑雪运动非常容易让人上瘾。尽管存在严重身体伤害或死亡的风险，但参加高山滑雪等极限运动的人数仍在不断增加（Brymer and Schweitzer，2013；Heirene et al.，2016）。参与极限运动的人员通常被大众媒体称为"肾上腺素上瘾者"（Salassa and Zapala，2009；Heirene et al.，2016），这表明他们沉迷于自己喜爱的运动。滑雪运动者和行为成瘾者之间也有相似之处，例如，两组人都被报告了高水平的寻求感觉的人格特征（Goma et al.，2012；Di Nicola et al.，2015）。

成瘾的多维定义已被应用于极限运动成瘾。Price 和 Bundesen（2005）通过使用一份涵盖 24 个题项的有关成瘾的调查问卷，其中包括对职业经历、自我用药和身体伤害的发生情况的调查，发现上瘾与运动员的运动经历密切相关。新手参与者的上瘾程度较低，中级参与者的上瘾程度中等，而有经验的参与者的上瘾程度较高，这意味着上瘾程度随着参与者经验和接触运动频率的增加而增加。极限运动成瘾是一种强迫性地从事体育锻炼的状态，可能会带来负面后果。运动成瘾者表现出与其他成瘾者相似的特征，并沉迷于此项运动行为，即使这种行为会引起生理上的不适也要继续坚持下去。

运动成瘾在某种程度上可以分为两种：一种是以 Glasser（2012）为代表的学者将其归类为积极的上瘾，他将"积极成瘾"概念纳入了人类行为的背景下，在一般情况下，这种行为可能会使个人更强大、更快乐。"积极成瘾"后来成为一个非常常见的流行语，用来形容对运动的强烈热情。另一种是考虑到运动成瘾的消极作用，用来表达成瘾中常见的不健康联系，具体到高山滑雪运动方面，上瘾的滑雪爱好者会继续锻炼，不顾身体受伤、个人不便或生活其他方面的干扰。

本书参考 Hausenblas 和 Downs（2002）将高山滑雪成瘾描述为对滑雪活动有持续的渴望。和其他成瘾者一样，随着时间的推移，高山滑雪成瘾者需要更多的锻炼来满足他们的需要。此外，不可抗拒的运动冲动是持续的，滑雪运动上瘾的人如果被剥夺了滑雪的权利，他们可能会出现渴望滑雪的强烈欲望。高山滑雪成瘾者在体验滑雪的过程中，由于对高山滑雪运动的喜爱而出现积极的情绪体验。

从"使用与满足"的理论视角来看，如果滑雪运动能够让个人的目标或需求实现，就会加深这种依赖性，促进更多消费者持续参与，进而使更多滑雪爱好者形成成瘾行为。高山滑雪成瘾主要指的是滑雪者对滑雪运动的依赖性。

（3）高山滑雪成瘾的影响研究

在成瘾消费行为范畴中，冲动性购买（Compulsive Buying）是最受关注的研究对象。将高山滑雪成瘾与强迫性购买相比较可以发现，两类成瘾消费行为之间的一个显著区别是：强迫性购买集中在一般的购买或消费上，冲动性购买者常常很难说出自己最喜欢的东西。另外，在冲动性购买的情况下，满足是以增强情绪和状态的形式出现的，而且这种状态只持续很短的一段时间（Cui et al.，2018）。在高山滑雪成瘾的情况下，滑雪运动后的满足感及对该运动的持续渴望促使消费者不断进行滑雪活动，这种形式的满足促使滑雪爱好者在未来重复这种行为。与冲动性购买和其他形式的上瘾相反，滑雪成瘾涉及一种更持久而不是短暂的满足状态。

关于运动心理学的研究进一步厘清了高山滑雪上瘾和承诺之间的区别，坚定的锻炼者为了外在奖励而锻炼，把锻炼视为生活的重要部分，但不是生活的中心部分；当他们因为某些原因不能锻炼时，可能不会出现严重的戒断症状。相比之下，"上瘾"的锻炼者更有可能为了内在回报而锻炼，把锻炼视为生活的中心部分；当他们无法锻炼时，会经历令人不安的剥夺感。Freimuth 等（2011）在描述运动成瘾者时，使用了一个"酒鬼"的比喻，即使他们实现了从酒精中缓解压力的愿望，仍然继续喝酒。

2.3.2　高山滑雪成瘾的影响因素

通过对高山滑雪成瘾的影响因素相关文献进行梳理和研究，发现消费者情感和人格特质的勇气水平对高山滑雪成瘾产生了较为显著的影响，因此本部分对消费者情感和勇气水平的相关文献进行深入研究，进而对高山滑雪成瘾的影响因素进行探究。

（1）消费者情感的相关研究

1）情感的内涵。情感是一种复杂而持久的感知体验，与态度在内涵和意图上具有一致性，其实质为道德感和价值感，它通常用来描述人们的心理状态（Chen et al.，2022）。Frijda（2017）认为情感是指个人对自身情绪的感知，是对持续认知理解过程的反馈。消费者的身心得到满足就会采取积极的态度，产生快乐的内在体验；相反则是悲伤体验。这种内在体验被称为情感。由营销刺激而产生的与特定营销实践和情境有关的感知是消费者情感，营销刺激所产生的情感与特定的营销实践有关，是消费者内心的表达。

情感代表理论是扎克（Zack）和坎贝尔（Campbell）的内部和外部价值理论（Schroeder，2004）。他们认为情感是对具有价值特别是包含内在价值的事物的反馈，这种反馈主要与心理和物理层面有关。这个层面的情感表达会从其结构方面建模拟定专属的价值观，并将所有的情感归属于这一层面。因此，从内在价值理论中能够定义所有有价值的东西，Zack 的内在价值概念涵盖本身具有价值的任何事物，这种理论的优势是能够统一差异并提供内在一致性的一切。两件相互联系的事物，均是由不同元素组成在一个统一体中，它们的差异越大，内在价值表达越大，对美好的感受也越明显（Mascarenhas et al.，2006）。这种泛化的情感在当今社会生活中的作用越来越重要，它在社交媒体舆情信息情感强度和传播意愿间起中介作用（杨颖，2022），这种特殊效用可作为消费体验研究的理论基础。

2）消费者情感的概念及分类。消费者情感是情感范围中的一个分支，是消费者在消费中产生的积极或消极的特殊心理表达。不同的消费体验会产生完全不同的消费者情感反应，可以是以喜悦、满意为主的肯定情感，也可以是以难过、悲痛为主的否定情感，并且每一类情感不会贯穿在消费体验的全过程，而是在消费过程中会因为内心体验的变化而进行情感转化（Mano and Oliver，1993）。这种消费者情感的转化体现在从肯定情感转化为否定情感，同理，否定情感亦然，但是这类消费者情感的转化不是凭空产生的，而是在特定的消费体验刺激下完成的。这使得消费者情感是动态的。针对消费者情感的两类表达，学术界讨论不断（Baker et al.，1992），主要的讨论点在于消费者的正面情感和负面情感两种极端情感是否同时存在（Westbrook and Oliver，1991）。从消费者情感表达层面很难达成观点的一致性，因此也有学者从消费者情感的特性角度研究入手，其最显著的特性是消费者对特定环境的实时反应（Clore et al.，1987），因此，消费者在购买或使用产品时产生的感觉是基于消费者对产品质量或服务的感知。尽管这种感知是复杂且变化的，但可通过对消费者的观察和分析了解其变化的敏感性。

消费者情感是消费者体验消费服务过程中所产生的情感变化。在享受服务的过程中，如果消费者感受到良好的消费环境及高质量的服务，需求得到满足，那么消费者情感将表现为正向的消费后情感；否则，极端的消费者情绪就会出现。在体验服务过程中，消费者的情感是消费前情感、消费中情感和消费后情感的结合（Angel et al.，2023）。消费前情感之所以会影响到消费中情感，是因为消费者进行消费不单单是为了满足物质需求，更多的是为了内心的满足。消费者所迫切需求的是消费全过程所能获得的愉快的情感消费。

3）消费者情感的影响研究。消费者情感的研究基本可概括为两个方面：一是直接研究情感状态。例如，Richins（1997）将情感表达概括为 16 个独立门类的情感状态。二是间接研究情感状态。例如，Russell（1980）提出 PAD 模型所表达的 3 个情感状态：P 是指个人的主观满意度，A 是指个人感受刺激的强度，D 是指个人掌控生活的自由度。消费者在任何状态下产生的任何情感状态都包含在 PAD 模型维度之中。

目前，针对消费者的情感研究不只有定义层面，也有大量对消费者情感分类的研究。情感的分类通常包括：一是双因素模型（Watson et al.，1988）。此模型将消费者情感分为积极和消极两方面，但极端的两个方面过于模糊，对一些中性情感无法区分。二是 Mehrabian 和 Russell（1974）的快乐—唤醒—控制模型（P-A-D）。该模型的特别之处在于，在原有模型基础上增加了控制情感。虽然控制情感的加减经历了一波三折的变化，但是 Yani-de-Soriano 和 Foxall（2006）肯定了控制情感的作用。该情感主要体现在情感的表达与环境的接受度。消费者对环境的接受与控制能力直接影响着消费者的内心体验。消费者对环境的控制力越强，其内心体验越愉快。三是四维度分类模型。

消费者情感贯穿消费的全过程，每一分钟都有不同的情感。根据 Mehrabian-Russell 模型，环境的刺激会引发顾客不同的情感体验，使其诱发逃避行为（Holbrook and Gardner，2000）。消费者情感变化会影响消费过程的状态（Alaniz and Biazzo，2019）。情感的变化反映认知水平的变化，主要分为三种水平：一是本能水平。本能水平是对当下所处环境产生的情感状态，这种情感状态必须由消费者对自己的本能反应所激发。二是行为水平。行为水平是学习水平的基础，使消费者每个行为都能达到满足预期。三是反思水平。反思水平是有意识的认知基础，而更高级别的情感来自反思水平。糟糕的体验让人产生心理阴影，而美妙的体验则给予人心灵慰藉。

（2）勇气水平的概念、维度和影响研究

1）勇气水平的概念。勇气是人格特质的一种（徐亮，2017）。对于勇气的概念，不同学者的观点各不相同。比如，Mavroudis（2003）对勇气概念给出的解释是个人一边冒着受到别人的伤害、损害或失去生命的危险，一边无私地追求自己的品德。而对于 Peterson 和 Park（2012）来说，勇气是指在面对外界或内部的反对时，为了达到自己的目的而激发出的一种情感力量，包括勇敢、勤勉/毅力、真实性/诚实和热情。Woodard 和 Pury（2007）将勇气水平定义为"自愿采取行动的意愿，即为了形成一个重要的道德规范、结果或达成一个重要目标而对威胁做出反应的恐惧程度不同"。Snyder 和 Lopez（2009）认为，勇气是为了追求有价值的目标而自身愿意面对个体危险的一种美好的品德。勇气也指人在面对困难时表达出的能够坚持的品质（如坚持、进取、突破等），表现为勇敢地站出来，克服困难，排除障碍，达到既定目的，如关键时刻能够做出牺牲，甚至能够付出生命的代价。在勇气的特点方面，学者更加注重其稳定性和相关的持续性，通常人们认为勇气是特有的能力（Woodard and Pury，2007），也就有了相应的勇气水平的观念。

勇气作为内心情绪特点的外延，在体育比赛方面，对运动员勇气的培养至关重要。那么发展测量勇气的相关工具和检测运动员的相关勇气水平，以及在以后的比赛中如何提高运动员的运动勇气水平也成为重要的一环，也为测量勇气水平提供了积极的发展和相关借鉴。在比赛方面，勇气水平甚至直接影响着运动员的比赛成绩：勇气能够让运动员心理亢奋，以便应对比赛，从而积极影响运动员心理发展，在比赛情景中运动员的勇气发挥着重要的作用（程旭，2018）。

2）勇气水平的维度。一些学者认为，勇气水平可以从内部、外部两个相关方面进行研究（Pury et al.，2007；吴沙，2009）。国内学者吴沙（2009）把勇气水平分成普通勇气和自身勇气，而自身勇气可以从自身体质勇气和自身心理勇气两个方面进行考虑，普通勇气则可以从普通身体勇气、普通德行勇气和普通心理勇气这三个方面进行考量。訾非（2012）从勇气水平的方向性出发，将勇气分成良心勇气和良知勇气。良心勇气是能够达到道德标准的勇气，即道德中觉得是对的，但是当自我的本能选择与其发生碰撞时，自身能够做出选择，并且能够承受做出选择后所带来的一些不好的感受，相关的不好感受可能是生理上的伤痛、心中的不平衡或人与人之间关系的不通融等。良知勇气是当理智上觉得是对的，而自身冲动行为与其不相容时，被调动起来的自身能够激发出的能量。良知勇气能够表达出的是：在处理糟糕的行为时，能够制止内心的不愉快、心理散漫等，而去做出能够持续坚持下去的能力。李林兰（2009）的研究表明，可以从四个角度定义勇气，分别是义气勇气、智慧勇气、信心勇气和宽容勇气。一些学者通过研究国人勇气量表的组成，得到两个论断：勇气水平在取向方面由个人和社会两个方面构成，各个层面都包含持之以恒的勇气、突围的勇气和能够担当的勇气（程翠萍和黄希庭，2016）。

3）勇气水平的影响研究。一些研究显示勇气水平在男性个体和女性个体当中所表现出的水平是不一样的（李林兰，2009；訾非，2012；程翠萍和黄希庭，2016），有一些研究认为，勇气水平与心理状态变化、性格特征和一些其他表现有高度相关的联系。勇气与性格外向、性格开朗、高智商和男性性别显著方面有特别明显的关联性，而当人们内心感到焦虑时，勇气水平存在着明显下降。程翠萍和黄希庭（2016）认为，勇气水平在成人幸福感的获得上有良好的影响作用（Wetterneck et al.，2013）。相关研究表明，勇气水平能够大大增加预测强迫水准，Mcmillan 和 Rachman（1988）的更深层次的研究表明，拥有较高勇气水平的人对初次跳伞经验的期待是相对低的，在拥有了成功的经历后则更能面对跳伞。勇气属于一种明显的比较重要的特性。综上可以推断，勇气作为好的心理特质，勇气水平和其他优秀的个人品质相关联，在人类自身表现主观行为时，勇气水平越高，主观行为做得越好。

由于勇气水平具备相当多的可调节因素和非常大的程度区间，所以提高勇气的方式有多种（Mcmillan and Rachman，1987）。Cougle 和 Hawkins（2013）的相关研究给出了不一样的结论：自我知觉在众多的调节变量中具有更高的地位（人们会由于对与自我相关的概念的维护而不会产生特别显著的勇气提升的行动，因此认为心理功能紊乱的干预可能有一定的局限性）。

2.4　高山滑雪体验的溢出效应研究综述

2.4.1　溢出效应的内涵

"溢出"（Spillover）在汉语词典中的本意是充满某个容器并向外流出，指从里面到外面的意思。这一本意仍在计算机术语使用中普遍存在，如计算机溢出一般是指计算赋值超出目标容量（超负荷运行）而出现的现象。在研究领域中，关于溢出的理解进一步衍生，可以从不同的学科领域来进行理解。溢出的概念最早出现在自然科学中，有渗漏、扩散之意，常常用来解释环境污染现象，指污染物借助一定的介质从污染源向其周围运动扩散的过程。

在社会科学中，学者普遍赞同溢出效应是某项社会活动产生的预期外收益，代表人物如 Ahluwalia、Bumkrant 和 Unnava，他们从社会科学的角度认为：溢出效应是指一个主体的某一特征或行为会影响到其他主体的现象。在学术研究中，溢出概念运用、分析讨论的重点集中在经济学领域，当然也是在自然科学、社会科学的基础上扩展开来的。经济学中溢出概念的思想由马歇尔最先提到，但是最早提出溢出这个概念的是 Arrow，随后逐渐成为新经济增长理论中的一个重要研究领域，是内生增长理论强调的经济学概念，也是经济生活中常见的一种经济现象。在新经济增长理论中，认为溢出被用于特指经济活动的外部性，某国、某地区的知识溢出会促进他国、其他地区的经济发展。我国学者在对溢出效应概念的理解方面以王铮等（2005）为代表，都是从区域层面来理解溢出的，认为在开放的经济条件下，区域经济的增长不仅依靠内在因素，还会受到周边地区环境的影响，进而表现出外生性的特征，而这种外生性影响就被称为溢出效应。

综上所述，从自然科学上来说，溢出是渗透、扩散的意思；在社会学中，溢出是指社会活动产生的预期外收益。本书提到的高山滑雪体验的溢出效应是指高山滑雪对滑雪者产生的出乎意料的关联影响，是高山滑雪体验产生的预期外收益，也就是说高山滑雪体验在影响消费者成瘾之外还获得了预期外收益，即提升了消费者的生活幸福感。

2.4.2 溢出效应的影响因素

通过对溢出效应的影响因素相关文献进行梳理和研究，发现感知价值和生活幸福感与溢出效应存在较为显著的关系，因此，本部分对消费者感知价值和生活幸福感相关文献进行深入研究，进而探究与高山滑雪体验溢出效应有关的影响因素。

（1）感知价值的概念、维度和影响研究

1）价值相关研究。Zeithaml（1988）根据消费者行为基本原理指出，价值是通过个人对收到的东西和给予的东西之间的差异的看法。Dindar 和 Dulkadir Yaman（2018）将价值应用于解释消费者为什么愿意为购买某些商品支付某些费用。价值是构成完整消费体验的所有因素，包括定性的和定量的、主观的和客观的，并且确定了价值的主观性和多维性。Sundbo 和 Dixit（2020）认为一些消费结果具有外在的价值，是因为它们产生了有形的结果，而其他消费结果具有内在价值，仅仅是因为消费本身具有价值。价值的来源形式多样，可以来自产品或服务的实际互动（Spiliotopoulos and Oakley，2020），包括产品功能、形象、质量及附加服务等，并反映其对个人重要性的整体感知（Yu and Lee，2019）；还可以来自每次体验所产生的感知与特定顾客的个人偏好之间的相互作用（Chen and Lin，2019）。在营销领域，价值能够创造有意义的体验，是影响个人选择和行为的关键因素，是消费者消费的主要目标（Ketter，2018）。价值在消费者的体验过程中变得至关重要，能够促使消费者在使用产品的过程中更好地可视化他们自己的感知价值。消费者通过整合自己的能力和技能来创造自己的价值，而组织的角色则转变为简单地提供价值主张并促进消费者的价值创造过程（Alimamy，2022）。因此，价值是客户主观感知的，是公司努力实现的关键交付物，以获得客户满意度、服务体验和客户忠诚度为目的（Sirdeshmukh et al.，2002；Capatina et al.，2020；Dong and Lian，2021）。企业能够通过滑雪体验价值了解消费者偏好，并做出优化提升，提高产品的附加价值，从而增强消费者体验，提高产品价格。

2）感知价值的概念。感知价值是理解消费者行为的基本要素，被认为是一种主观结构，随着时间的推移、目的地和文化环境的改变而有所不同（Damanik and Yusuf，2022）。营销领域学者通常是从消费者角度定义感知价值（Su et al.，2021），感知价值被认为是消费者在产品中感受到的质量或利益与他们付出价格或感受到的牺牲之间的权衡（Monroe，1990）。基于消费者对所接收和所给予的感知，将感知价值定义为消费者对产品或服务效用的总体评估。当感知价值被视为对不同产品的相对价值权重的整体判断时，它可以表示为消费者所获得的总利益（Cho et al.，2019）。Prebensen 和 Xie（2016）将消费者感知价值概念应用于旅游行业，并且将感知价值界定为游客对旅游产品或服务收益的整体评估。为此，一些研究试图确定旅游业实践中感知价值的相关性及其贡献，特别是对旅游目的地提供的某些服务的感知价值。

国内学者范秀成和罗海成（2003）将消费者感知价值定义为消费者对企业产品或服务具有的主观认知，且它具有多维性、层次性、比较性和权变性，能够增强企业的竞争优势。剧小贤（2022）指出，消费者感知价值是消费者对消费过程中的整体评价。朱逸等（2022）认为，消费者感知价值是基于消费者个性偏好、预期想法及客观服务等多方面评价，作为消费行为的参照。感知价值在预测消费者的行为意图方面发挥了重要作用，消费者感知价值为消费者创造更高的利益，意味着消费者感知价值能够满足潜在客户的需求，改善购买体验，增加重复购买行为（见表2-2）。

表2-2　文献对消费者感知价值内涵的界定

文献	定义
Zeithaml（1988）	消费者对产品有用性的全面评估，基于对所收到的和所给予的感知
Monroe（1990）	消费者在产品中感受到的质量或利益与他们因付出价格而感受到的牺牲之间的权衡
范秀成和罗海成（2003）	消费者对企业产品或服务具有主观认知
Damanik 和 Yusuf（2022）	消费者感知价值是消费者行为的基本要素，是一种主观结构，随着时间的推移、目的地和文化环境的改变有所不同
朱逸等（2022）	基于消费者个性偏好、预期想法及客观服务等多方面评价

3）感知价值的维度结构。Babin 等（1994）在消费者对购物体验评价的研究中，将消费者感知价值划分为两个维度，包括功利性价值和享乐性价值。Mc-Dougall 和 Levesque（2000）在客户对服务的满意度研究中，将消费者感知价值分为功利主义和价格2个维度；在移动数据服务的研究中，将消费者感知价值分为功利价值、享乐价值和社会价值3个维度。Barlas 等（2010）通过对户外滑雪消费者产品服务质量感知的研究中，将消费者感知价值分为互动、环境和情感3个不同的维度。Cocosila 和 Igonor（2015）在社交网站和智能手机的相关行为研究中，认为消费者感知行为包括享乐价值、功利价值和社会价值3个维度。路璐等（2018）在对高山滑雪的研究中，将消费者的感知价值分为5个维度，包括设施功能、服务质量、社会情感、货币成本和便利成本价值。结合现有文献研究，本书将消费者感知价值分为2个维度，包括功利价值和享乐价值。功利价值指的是强调通过行为来实现特定的目标/奖励，注重于提高消费者的任务表现在营销过程中所产生的效果和效率，与市场营销学科中考虑的质量和货币价值等功能价值高度相关（Liu et al.，2019；Park et al.，2019；Pal et al.，2021）。享乐价值是指当某件事本身令人愉快或有回报时，就会产生价值，它是愉快服务体验的关键组成部分。Miao 等（2014）将享乐价值定义为"与产品使用体验的多感官、

幻想和情感方面有关的消费者行为方面"。在执行某种行为中获得快乐和满足感，代表了消费者从愉快和享受的服务中获得的感官或情感利益，注重提高用户的愉快体验（Kim and Hwang，2012；Ahn and Seo，2018）。通过文献梳理不同服务情境下的消费者感知价值维度，见表 2-3。

表 2-3　不同服务情境下的消费者感知价值维度

作者	年份	服务情境	消费者感知价值维度
Babin 等	1994	购物	功利性价值、享乐性价值
McDougall 和 Levesque	2000	汽车、餐厅、理发	功利主义、价格
Barlas 等	2010	滑雪运动	互动、环境、情感
路璐等	2018	滑雪运动	设施功能价值、服务质量价值、社会情感价值、货币成本价值、便利成本价值
El-Adly	2019	酒店	自我满足、美学愉快、价格、声誉、交易、享乐主义、质量

4）感知价值的影响研究。现有文献显示，对消费者感知价值营销效应的研究一直处于不断丰富的过程中，在旅游、购物、游戏等多个领域中持续发展和应用。霍圣录等（2023）以感知价值理论和情境因素理论为视角，探讨消费者在购买体育彩票时的微观意愿机理和影响因素，结果显示：感知价值中的功能价值、情感价值与社会价值均正向影响消费者的购买意愿；郭婷婷和李娜（2022）基于感知价值理论，构建了感知价值对旅游者文创产品购买意愿影响的研究模型，研究运用实证分析的方法对研究模型进行了假设检验，结果显示：感知价值的五个维度对旅游者购买文创产品的意愿有正向影响，功能价值、社会价值和情感价值对顾客的再购买意愿和口碑更有效；秦俊丽（2022）以顾客乡村旅游意愿为研究对象，以感知价值为中介变量分析社交媒体营销对顾客乡村旅游意向的影响，结果显示：感知价值在社交媒体营销和乡村旅游意愿之间的关系中起部分中介作用。同时，感知价值长期以来一直被视为满意度、服务质量、信任的重要决定因素（Kim and Thapa，2018；El-Adly，2019；Kim，2021）。

（2）生活幸福感的概念、测量及影响研究

1）生活幸福感的概念。亚里士多德倾向于认为幸福是有目的地生活，而不是追求庸俗的享乐主义。当幸福被个人定义或评估时，它被称为主观幸福感（Margolis et al.，2019）。主观幸福感是指人们对自己的生活做出的多种类型的评估，并以不同的方式和不同的代理进行概念化和测量（Amati et al.，2018）。
Steptoe（2019）将主观幸福感分为 3 类，包括情感福祉（Affective Well-Being）、
幸福感（Eudaimonic Well-Being）和评价幸福（Evaluative Well-Being）。主观幸
福感分类见表 2-4。

表 2-4　主观幸福感的分类

类型	描述
情感福祉或享乐幸福	体验积极的情感，如幸福、快乐、得意、活力、愉快、快乐
幸福感	对生活意义和目标的评估，包括繁荣、自主感、个人成长、环境掌握、与他人的积极关系和自我接受
评价幸福	评估人们对生活质量的满意度

情感福祉代表积极的情感和态度，如幸福和快乐。幸福感包括个人潜力和人
生目标的实现。评价幸福反映了人们对生活质量和美好程度的判断，通常被称为
生活满意度。评价幸福是主观幸福感的从属结构，通常被作为主观幸福感的衡量
标准。它来自一个人的愿望与实际成就的比较，是消费者在特定时间点上对生活
的感觉或态度的全面评估和判断，符合消费者的标准或期望，即生活的主观享
受。Proctor 等（2009）在对冰岛青少年的研究中指出，生活幸福感是对整体生
活质量的主观评价，生活幸福感与高强度运动、参加俱乐部、体育锻炼行为和团
体运动呈正相关。文献中对生活幸福感的定义界定见表 2-5。

表 2-5　文献中对生活幸福感的定义界定

作者	年份	定义
Diener 等	1985	个体在特定时间点上对生活的感觉和态度的全面评估
Lewinsohn 等	1991	对生活状况的积极评价和一种判断，符合个体的标准或期望
Veenhoven	1996	一个人积极评价自己生活整体质量的程度
Adams 等	1996	来自个体的愿望与实际成就的比较，是对存在的整体条件的评估
Rode 等	2005	对个体经历的积极情绪的程度评估
Veenhoven	2015	生活的主观享受

2）生活幸福感的结构和测量。生活幸福感的结构。幸福是人们对自己生活
的评估，是生活质量的重要组成部分，包括享乐、快乐、积极态度的影响和生活

满意度等（Ventegodt et al.，2003；Sonnentag，2015）。生活质量、主观幸福感和生活满意度包含不同的元素，但是在结构上是相互关联的（Martyr et al.，2018；Nakamura et al.，2022）。生活满意度的特征是基于自身生活条件与标准的兼容性相比较的认知判断（Prasoon and Chaturvedi，2016）。主观幸福感指的是消费者对当前状况的积极认知评价，以及积极和消极情绪的适当平衡，包括两个不同的维度——认知判断和情感成分（Cheng et al.，2022）。其中，认知方面表现为生活幸福感，即一个人对生活满意度的长期整体判断，情感成分介于积极和消极情感之间的平衡进行评估（Khodabakhsh，2022；Prati，2022）。生活幸福感是一个人在特定时间点，从消极到积极的状态对生活的感觉和态度的全面评估，是主观幸福感的关键指标（Erdogan et al.，2012）。

综上所述，本书归纳整合了主观幸福感的结构（见图 2-2）。

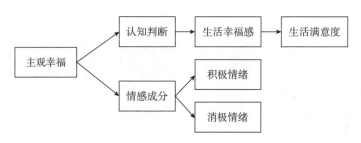

图 2-2　主观幸福感的结构

生活幸福感的测量。Diener 等（1985）提出个体对生活的满意程度，属于主观幸福感的一种，生活满意度和生活质量的概念相似，强调人们心理上对生活的满意度和对人生的意义；还开发了生活幸福感的测量量表，共 5 个题项，题项内容如表 2-6 所示。

表 2-6　生活幸福感的测量题项

维度名称	编号	测量题项
生活幸福感	1	大多数情况下，我的生活接近理想状态
	2	我的生活状态很好
	3	我对自己的生活感到满意
	4	到目前为止，我已经得到了我认为生活中最重要的事物
	5	如果我可以再活一次，我不想改变任何事情

3）生活幸福感的影响研究。生活幸福感起源于 18 世纪，被作为一种提供人们美好生活的手段，在 19 世纪风靡一时，并影响了福利国家的发展。20 世纪 60 年代，美国学者对于生活幸福感的调查研究集中于心理健康领域，到了 20 世纪后期，知识分子努力寻找生活满意度的正确定义，设想美好生活的组成部分及其测量方法（Prasoon and Chatuverdi，2016；Carlquist et al.，2017；Unanue et al.，2017）。追求幸福和实现美好生活一直是哲学、经济学、心理学和社会学等领域的主要关注点（Steptoe，2019），在心理学领域，对"幸福"的研究通常属于主观幸福的调查范畴（Capone et al.，2021）。

大多数与生活满意度相关的研究调查了学生、老年人群、有健康问题的人群、儿童和青少年等（Levin and Currie，2014）。情感和认知是主观幸福感的重要组成部分，但是大部分学者研究聚焦于情感中的幸福感的测量，例如，情绪和情感健康可以通过情感量表，以及积极和消极情感量表（Watson et al.，1988），测量不愉快情绪（如抑郁）的量表也被广泛使用（Beck et al.，1961）。管理学中倾向于将生活幸福感定义为对自己工作满意的评估（Rothausen and Henderson，2019；Judge et al.，2020）。领导力、职业管理、工作特征和人与环境的契合度等可能对理解生活幸福感有很大的帮助（Mas-Machuca，2016；Sirgy and Lee，2018；Weziak Bialowolska et al.，2020）。谭旭运等（2020）探索获得感的内涵、结构及其对生活满意度的影响，结果支持了获得内容、获得环境、获得途径、获得体验和获得共享五个维度的获得概念结构，获得感结构中任一维度上的满足都能带来相似的积极情感体验，进而带来生活满意感和幸福感的提升。

2.5 已有研究述评

上述对高山滑雪体验、影响滑雪成瘾的机理及溢出效应相关文献的回顾与梳理为本研究提供了理论研究的基础，但现有的研究成果存在一些需要进一步解决的问题，主要体现在以下几个方面：

第一，高山滑雪体验的基础研究不够深入。由于我国高山滑雪运动发展历史较短，学者对高山滑雪体验的关注度不高、文献较少，对高山滑雪体验的研究不够深入；国外学者对于高山滑雪体验的研究相对于国内研究更深入，尤其是在体验研究和消费者行为研究方面更加深入，但由于各国文化背景和思维方式的差异，需要结合我国国情进一步对高山滑雪体验进行系统的探究，特别是要明确其定义和维度构成。

第二，高山滑雪体验的定量研究相对缺乏。通过文献研究发现，对高山滑雪体验测量的研究很少有学者涉及，大多是一些描述性和案例为主的探索研究，缺乏对高山滑雪体验进行测量的成熟量表。高山滑雪体验测量量表的缺失，不利于探索高山滑雪体验的影响效应。因此，本书将对高山滑雪体验的测量量表进行探究。

第三，缺少对高山滑雪体验影响滑雪成瘾的机理及溢出效应的探索。对于高山滑雪体验影响效应的研究，目前相关文献大多聚焦在对外部条件的研究上，如设备设施、管理服务、气候条件等，并没有探究滑雪体验本身对行为的影响，特别是对滑雪成瘾的影响。除滑雪成瘾外，现有文献还缺乏对高山滑雪体验溢出效应的研究。

第四，体验营销在高山滑雪运动领域的应用缺少探讨。通过文献研究，体验营销理论应用到了购物、品牌、游戏等很多领域，跨领域研究的内容很丰富，体验营销的作用在各领域也充分显现，但通过文献研究发现：体验营销与高山滑雪领域的交叉研究非常匮乏，需要在两者的交叉领域进行深入研究。

基于以上述评，本书认为高山滑雪体验是一个值得探索的领域，对其测量、影响滑雪成瘾的机理和溢出效应的研究具有非常重要的理论意义和现实意义，因此，本书在明确高山滑雪体验定义及维度构成的基础上，开发设计高山滑雪体验的测量量表，进一步实证检验高山滑雪体验影响滑雪成瘾的机理及溢出效应，并结合理论研究结果展开应用研究，提升本书研究的实践意义。

2.6　本章小结

本章对高山滑雪体验、滑雪成瘾、溢出效应等相关理论和文献进行了系统梳理和分析，并对现有文献研究中存在的不足进行了述评，进一步明确了研究缺口和本书的研究方向，为研究高山滑雪体验的测量、影响滑雪成瘾的机理和溢出效应这一研究主题奠定了理论基础。

第3章　高山滑雪体验整合研究框架

根据文献述评发现，由于高山滑雪运动在我国起步较晚，国内外关于高山滑雪的研究比较宽泛，针对高山滑雪体验的研究内容，特别是对高山滑雪维度构成和影响效应的深入研究不足，缺乏统一的研究框架进行系统探讨。基于以上问题，本章在对文献资料回顾的基础上，采用深度访谈的方法并运用扎根理论的分析范式对高山滑雪体验的维度、高山滑雪体验影响滑雪成瘾的机理及溢出效应进行探索性研究。

3.1　研究方法与过程

3.1.1　研究方法

通过文献梳理和研究发现，我国高山滑雪运动与体验营销的跨领域交叉研究比较匮乏，对高山滑雪体验的维度构成和影响效应还没有实质性研究，因此，适合采用质性研究方法对其进行探索性研究。扎根理论是一种质性研究方法，它要求研究者通过系统地收集资料、分析数据，提取出反映资料内容的核心概念，并在此基础上建立这些概念之间的联系，从而形成理论（陈向明和王富伟，2020）。本书以高山滑雪体验的测量、影响滑雪成瘾的机理及溢出效应的研究作为研究主题，适合采用扎根理论方法进行质性研究。

为保证研究的有效进行，本书采用程序化扎根理论的研究方法，该方法包含6个步骤：选取样本、收集原始资料、数据分析、饱和度检验、寻找故事线和构建模型并阐释（Strauss and Corbin，1998）。具体来说，本书首先选取研究对象和样本，采用深度访谈方法收集原始资料，运用数据分析工具对资料进行整理和分类，其次通过饱和度检验来确定数据收集的结束点，进一步寻找故事线来挖掘数据的内在关联和模式，最后通过构建研究模型并阐释与高山滑雪体验的维度构成、影响滑雪成瘾的机理及高山滑雪体验的溢出效应等理论相关的结论。扎根理论研究的整体思路见图 3-1。

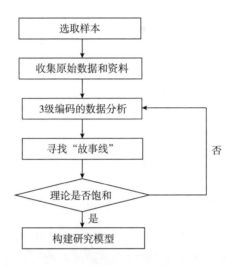

图 3-1 扎根理论研究的整体思路

3.1.2 访谈设计

本部分质性研究围绕高山滑雪体验的维度构成、影响滑雪成瘾的机理及溢出效应研究这一主线展开，资料收集与分析整理主要采用深度访谈的方法。

（1）研究样本选定

采用扎根理论方法的目的在于对某些特定未进行探索研究的问题进行深入的探究，Glaser 和 Strauss（1967）认为，研究者应用扎根理论方法应根据形成理论和发展概念的需要，有目的地选择抽取样本。理论抽样的原则要求在研究对象的选择上，要围绕研究主题，选取具有代表性、提供最大信息量的样本，通常不宜选取过多的样本数量（毛基业和李高勇，2014）。本书选择我国大众滑雪发源地——黑龙江亚布力阳光滑雪场内的高山滑雪爱好者为研究样本，主要原因如下：

1）选择区域的代表性。该滑雪场是我国最早的大众滑雪场。黑龙江亚布力阳光滑雪场成立于 1995 年，前身是我国最早的大众滑雪发源地——风车山庄，后更名为黑龙江亚布力阳光滑雪场。黑龙江亚布力阳光滑雪场造雪面积80万平方米，高山雪道12条，雪道总长度31075米，最大落差540米、完善的单板公园和5条初级雪道，拥有两条吊箱式缆车，星级酒店4座，滑雪配套设施齐备，深受世界各地滑雪爱好者的喜欢。黑龙江亚布力阳光滑雪场以高山滑雪为核心竞争资源，坐落在黑龙江省尚志市，该地区森林资源丰富，自然景观壮丽优美；山形地貌独特，雪道坡度各异，最大坡度40度；空气质量优良，冬季平均气温−10℃，积雪期为170天，滑雪期近150天，每年的11月中旬至次年3月下旬是这里的最佳滑雪期，天然禀赋使雪质湿度低，呈粉雪状，适合进行高山滑雪，受到广大高山滑雪爱好者的喜欢。

2）样本选择的代表性。该滑雪场拥有一批我国最早的高山滑雪爱好者。独特的自然资源吸引和培养了一大批高山滑雪爱好者选择该滑雪场作为滑雪目的地，部分高山滑雪爱好者滑雪年限超过20年，经验丰富、技术娴熟而且滑雪成瘾，每年冬季都会在黑龙江亚布力阳光滑雪场聚集度过，高山滑雪已经成为他们生活不可或缺的一部分。访谈对象的选取应满足两个条件：一是基本结束本次高山滑雪活动；二是至少参加过两次高山滑雪活动。游客只有在结束高山滑雪活动后，才能充分总结和表达高山滑雪体验的价值感。同时，游客只有多次体验高山滑雪活动，才能更深入地理解其价值，并从中总结滑雪体验价值，以使研究结论更有代表性和广泛性。

为确保理论饱和度，本书采用理论抽样方法，选择具有代表性的高山滑雪爱好者作为样本，包括不同年龄、不同职业、不同滑雪年限等方面（李志刚等，2019）。在收集和分析数据的过程中，不断添加样本以确保理论饱和度，直到不再出现新的概念范畴。

（2）访谈实施

本书采用了深度访谈和问卷调查这两种主要方法来收集第一手资料，目的是了解高山滑雪体验的形成过程及类型特征。在征得访谈对象同意的前提下，共有35名高山滑雪爱好者接受了深度访谈。根据学者的建议，正式访谈样本数量应大于12个（吴继霞和黄希庭，2012）。为了保证质量，访谈时间定为2022年2月1日至3月10日，大多在滑雪场内安静的休息室进行，以防中断或干扰。

在访谈前，需要向被访谈对象交代此次访谈主题，以便访谈者能够做好准备并放松心态；创造良好的访谈氛围，有利于使访谈可以收集到更多、更深入的资料。在访谈中，将高山滑雪体验的通俗化定义进行解释说明，在涉及高山滑雪体验的问题之前，要注意询问被访谈者对提纲中关于高山滑雪体验的简单描述之后是否能够完全理解，如果不能完全理解，需要访谈者做进一步解释说明，确保被访谈者是在充分理解之后做出回答。每次访谈进行 15～20 分钟不等，35 名访谈者共计用时 5 小时。为了保证访谈数据的准确性和完整性，在获得被访者同意的情况下进行了录音，并在不涉及个人隐私和保密内容的前提下将录音转换成文字资料。在完成转换后，邀请受访者对文本进行审定和确认（曾国军等，2020），以确保数据的可靠性和准确性。

（3）访谈提纲

为确保访谈的准确性和全面性，本部分采用了系统化的方法来制定访谈提纲。首先，根据管理实践和相关文献的梳理初步拟定了一个预调查的访谈提纲。其次，邀请导师及其团队进行了集体讨论，包括 1 位教授、2 位副教授、3 位青年讲师、3 位博士研究生和 3 位硕士研究生。经过反复讨论和反馈，对预访谈提纲进行了适当的改进，以确保访谈提纲的全面性和准确性。

为确保访谈的顺利进行，本书拟定了访谈提纲，首先向被访者简要解释了高山滑雪体验的含义，然后提出了 8 个问题，包括：

①您为什么喜欢高山滑雪，高山滑雪能带来哪些益处，参与高山滑雪的目的是什么？

②您首次滑雪的过程中有哪些感受？

③您在滑雪过程中有哪些感受？

④如果想熟练地滑雪，您觉得最应该克服的是什么心理？

⑤您觉得目前的滑雪状态中的瓶颈是什么？

⑥您觉得滑雪之后，还想再回雪场滑雪吗？

⑦您现在觉得滑雪上瘾吗？如果上瘾，瘾从何来呢？

⑧您觉得滑雪给您的生活和工作带来了哪些变化？

在访谈完 3 位高山滑雪爱好者之后，对访谈提纲的准确性进行了评估，评估结果显示访谈提纲设计满足了本次研究需要，因此，可作为最终的正式访谈提纲（见附录 1）。正式访谈提纲除了上述 8 个问题之外，还包括了被访谈者个人的基本资料，包括性别、年龄、受教育程度、职业、收入水平、健康状况和规律滑雪年限等信息。35 名被访谈者之中，25 名被访谈者当时正在黑龙江亚布力阳光滑雪场滑雪，为了验证深度访谈资料的真实性，访谈结束后继续进行参与式观察，现场观察他们的高山滑雪体验感受和行为表现，以对深度访谈资料的真实性进行验证。除此之外，还结合了高山滑雪者的深度访谈资料、日常记录资料等进行三角验证，以确保研究数据的可靠性和真实性。整个数据收集过程历时近 3 个月，最终形成了文字资料。本书主要对深度访谈资料进行编码和分析，其他资料用于验证。

3.1.3 资料收集

本书对选取的黑龙江亚布力阳光滑雪场的 35 名高山滑雪爱好者的基本资料进行整理，见表 3-1。

表 3-1　研究对象基本资料

编号	性别	年龄（岁）	受教育程度	职业	收入水平*	健康状况	规律滑雪年限
T1	男	45～65	硕士及以上	企事业管理人员	很高	健康	7～9 年
T2	男	65 岁以上	本科	离退休人员	偏高	健康	10 年及以上
T3	男	45～65	本科	企事业管理人员	很高	健康	10 年及以上
T4	男	45～65	本科	企事业管理人员	很高	健康	10 年及以上
T5	男	25～44	本科	其他	很高	健康	7～9 年
T6	女	25～44	硕士及以上	企事业管理人员	很高	良好	1～3 年
T7	男	25～44	本科	其他	很高	健康	无
T8	男	25～44	本科	企事业单位员工	很高	健康	4～6 年
T9	男	25～44	高中	企事业单位员工	一般	健康	10 年及以上
T10	男	25～44	本科	企事业管理人员	很高	健康	1～3 年
T11	女	25～44	本科	企事业单位员工	中等	健康	1～3 年
T12	男	25～44	高中	企事业单位员工	中等	健康	4～6 年
T13	男	25～44	本科	企事业单位员工	中等	健康	1～3 年
T14	女	25～44	本科	其他	很高	健康	1～3 年
T15	女	15～24	本科	企事业单位员工	中等	健康	1～3 年
T16	女	15～24	本科	企事业单位员工	中等	健康	1～3 年
T17	女	25～44	本科	企事业单位员工	中等	健康	无
T18	男	45～65	硕士及以上	企事业管理人员	很高	健康	10 年及以上
T19	女	45～65	本科	企事业管理人员	偏高	健康	10 年及以上
T20	男	45～65	本科	离退休人员	很高	健康	10 年及以上
T21	男	45～65	本科	企事业管理人员	偏高	良好	10 年及以上

续表

编号	性别	年龄（岁）	受教育程度	职业	收入水平*	健康状况	规律滑雪年限
T22	男	45~65	本科	企事业管理人员	很高	健康	7~9 年
T23	男	65 岁以上	本科	企事业管理人员	一般	健康	10 年及以上
T24	男	45~65	硕士及以上	公务员	很高	健康	10 年及以上
T25	男	25~44	硕士及以上	企事业单位员工	中等	健康	1~3 年
T26	女	25~44	本科	企事业单位员工	很高	健康	1~3 年
T27	女	25~44	硕士及以上	企事业管理人员	偏高	健康	1~3 年
T28	女	25~44	本科	其他	很高	健康	1~3 年
T29	男	25~44	本科	公务员	偏高	一般	7~9 年
T30	男	25~44	本科	其他	中等	健康	10 年及以上
T31	男	25~44	硕士及以上	其他	很高	健康	7~9 年
T32	男	25~44	硕士及以上	企事业管理人员	很高	健康	4~6 年
T33	女	15~24	本科	学生	无	健康	1~3 年
T34	女	25~44	本科	其他	很高	良好	1~3 年
T35	男	25~44	硕士及以上	企事业管理人员	很高	健康	7~9 年

注：*中的收入水平的分类及详细情况可参见本书附录 1。

对 35 位被访谈对象基本信息的描述性统计分析，结果见表 3-2。

表 3-2　访谈对象基本信息描述性统计

分类依据	类别	频次	占比（%）
性别	男	23	65.71
	女	12	34.29
年龄	15~24 岁	3	8.57
	25~44 岁	21	60.00
	45~65 岁	9	25.71
	65 岁以上	2	5.71
受教育程度	高中/中专/技校	2	5.71
	本科/大专	24	68.57
	硕士及以上	9	25.71

续表

分类依据	类别	频次	占比（%）
月可支配收入	无收入	1	2.86
	3001~5000 元	2	5.71
	5001~8000 元	8	22.86
	8001~10000 元	5	14.29
	10001 元及以上	19	54.29
健康状况	健康	31	88.57
	良好	3	8.57
	一般	1	2.86
有规律滑雪的年限	无	2	5.88
	1~3 年	13	38.24
	4~6 年	3	8.82
	7~9 年	5	14.71
	10 年及以上	11	32.35
每年在滑雪活动上的花费	1000 元以下	4	11.43
	1001~2000 元	7	20.00
	2001~5000 元	7	20.00
	5001~10000 元	6	17.14
	10001~20000 元	7	20.00
	20001 元及以上	4	11.43

3.1.4 分析策略

本书采用了扎根理论方法的 3 级编码程序对深度访谈资料进行编码：

1）开放式编码。开放式编码指对原始资料进行贴标签、概念化和范畴化的过程。该过程需要结合访谈资料进行开放性分析，通常的做法是将所有访谈资料逐句逐段地进行研究和斟酌，用标签、概念等方式反映访谈资料内容的本质含义，最终将抽象出的概念逐渐实现聚合。

2）主轴式编码。主轴式编码针对开放式编码所得到的概念进行进一步的整合和分类，从而发现它们之间的内在联系和共性。在主轴式编码中，研究者需要根据一定的逻辑关系，如是否属于同一类现象、是否具有相似的发生条件和产生的背景等，找出概念之间的联系，然后将它们归为同一类别，进一步提炼出主范畴。这一阶段的编码可以帮助研究者更深入地理解访谈资料，并发现其中的规律和模式，结合范畴之间的有机联系，找出属于同类现象、类似条件、相同背景的主范畴。

3）选择性编码。选择性编码是在主轴式编码的基础上进一步深入分析和组织资料，找出可以表达情景的"故事线"并提炼核心范畴。在这个阶段，研究者会挑选出主轴式编码中较为重要的范畴和故事线，并将它们之间的逻辑关系进行梳理和分析，以更好地理解和解释研究对象的本质。同时，研究者会收集新的访谈资料来检验这些关系，并在适当的情况下对主轴式编码进行修订和调整。选择性编码是整个资料分析过程中最为重要和复杂的一环，它需要研究者对数据进行全面而深入的分析和理解，从而得出可靠的结论或者推断。

事实上，质性研究费时费力。为了使资料收集和整理工作更加轻松，20 世纪 80 年代初期就有学者尝试利用电脑软件辅助质性研究工作。历经多年的尝试与更迭，目前已有不少用于质性分析的软件，其中常见的包括 ATLAS. ti、NVivo 和 MAXQDA。综合考虑易操作性和编码效率等，本书使用 NVivo11 软件辅助研究。NVivo11 由澳大利亚 QSR 公司开发，它可以辅助执行一些对文本或语音资料的搜寻、编码、探寻理论及逻辑关系等工作。具体而言，NVivo11 使用有差异的节点来容纳不同的想法和概念，这里的节点和扎根理论中的编码和范畴类似，都是对原始资料加以整理、分类、提取和概括得到的。这些节点被称为树状节点，依据不同的联系，树状节点之间存在着从属关系。除树状节点之外，NVivo11 还使用自由节点来容纳"散漫"的想法，随着更加深入的剖析，一些自由节点和树状节点产生联系，从而被移入树状节点。

3.2　访谈资料编码

3.2.1　开放式编码

开放式编码是指将深度访谈原始资料进行逐一分解、标签化、概念化和范畴化的过程，以便进一步对数据进行分析和整理。在进行开放式编码时，需要仔细阅读每一个访谈材料，并将每句话中所反映出的观点逐一分析、分类、标签化，从而形成一系列的初步概念和范畴。在这个过程中，尽量使用访谈对象的原话以反映原始资料，遵循自然涌现的过程（贾旭东和谭新辉，2010；李浩铭等，2021）。随着对资料的深入研究和研讨，不断比较和考察原始资料、概念和范畴之间的关系，提炼出的概念和范畴尽可能地反映材料的真实性和丰富性。最终，通过对主范畴间的关系进行梳理，找出可以表达情景的故事线，并提炼出处于核心地位的范畴，与其他范畴进行联系，并在接下来的访谈中收集新资料检验这些关系（李志刚等，2019）。

（1）贴标签

本部分采用了多种方式进行开放式编码，包括逐段、逐句和逐行编码，以便更好地呈现数据中的概念和理论。使用 NVivo11 软件对黑龙江亚布力阳光滑雪场的访谈文本进行了逐句、逐行的分析，共贴出了 288 个标签。这些标签将原始文本资料分解为独立事件，并为下一步的概念化奠定基础。表 3-3 列出了部分具体的贴标签过程。

表 3-3　贴标签

标签（A）	原始语句
A1：滑雪放松心情	滑雪可以放松心情，我会这样做
A2：滑雪有意思	觉得滑雪挺好玩的，而且冬天户外的运动比较少，滑雪相对来说比较有意思
A3：滑雪提升带来成就感	在不断滑雪的提升中找到成就感
A4：交到志同道合的朋友	滑雪能让你交到一些志同道合的朋友
A5：释放压力	主要是能走出家门和城市，体验自然，释放压力
A6：享受滑雪	享受这种滑雪度假的生活，这是阶梯性的
A7：滑雪使心态放空	觉得还是享受滑雪的时候那种很放空的心态
A8：忘记不开心的事	在玩的时候，几乎不想事，都是快乐的事，忘记烦恼和压力
A9：专心滑雪	不要影响我前进的步伐，就只想专心滑雪，外界的因素都不要影响我
A10：滑雪很爽	我就觉得滑雪很爽
A11：滑雪刺激	挺刺激的，一年玩不了几次，挺特别的
A12：上赛道刺激	很刺激，开始每次上新的一个赛道的时候肯定是很刺激
A13：注意安全	至于那些不恐高、不恐速的滑雪者，需注意安全
A14：了解滑雪安全知识	还是要多了解一些关于滑雪的安全知识
A15：滑雪提高收入	滑雪技术熟练以后可以做教练，可以有高的收入

注：共计 288 个标签，本表只列举了一部分。

（2）概念化

本部分对贴标签的文本资料进行了概念提取，首先对初始概念进行了进一步的分解、剖析和提炼，将相关的概念聚集在一起。如"滑雪放松心情""滑雪状态轻松""有助于放松发泄"等合并为"放松"一个概念；将"交到志同道合的朋友""交到好朋友""增加聊天话题""认识雪友""广泛交友""认识更多人"等合并为"结交朋友"一个概念；将"释放压力""排解生活压力""缓解工作压力""非药物治疗抑郁""刺激脑细胞""缓解大脑疲劳"等合并为"缓解压力"一个概念。通过整理和合并，最终确定了78个初始概念，包括放松、乐趣、成就感、结交朋友、缓解压力等，实现概念化。其中出现频率低于两次的概念被剔除。这些概念为后续数据分析提供了基础。表3-4列出了部分概念提取过程。

表3-4　概念提取

概念（B）	标签（A）
B1：放松	A1：滑雪放松心情；A18：滑雪状态轻松；A32：心理放松；A54：有助于放松发泄；A79：放松学业压力；A111：放松工作压力；A172：滑雪过程惬意放松
B2：乐趣	A2：滑雪有意思；A36：滑雪目的有趣；A59：滑雪好玩；A76：滑雪增加乐趣；A190：滑雪单板有乐趣；A212：滑雪运动有乐趣
B3：成就感	A3：滑雪提升带来成就感；A87：滑雪过程成就感；A184：回味滑雪成就感
B4：结交朋友	A4：交到志同道合的朋友；A19：交到好朋友；A51：增加聊天话题；A72：认识雪友；A99：广泛交友；A144：认识更多人
B5：缓解压力	A5：释放压力；A29：排解生活压力；A43：缓解工作压力；A77：非药物治疗抑郁；A123：刺激脑细胞；A177：缓解大脑疲劳
B6：享受	A6：享受滑雪生活；A190：享受自然风景；A211：享受滑雪过程

注：共计78个概念，本表只列举了一部分。

通过概念化程序对访谈资料中的概念进行分析，对这些概念有了更全面的了解。虽然开放式编码将资料打散了，但是通过概念分析，能够清楚概念之间的关系，为范畴化提供了方向和依据。

（3）范畴化

经过概念化的过程，对访谈资料中的概念进行了全面的了解。通过范畴化，本部分将语义重复和具有包含被包含关系的概念进行了合并，使具有同义关系或具有分属关系的概念聚合成了一个概念。参考黄炜（2012）的做法，本部分将具有相关关系的规范化概念聚焦到一个大类属，并分析其特质及这些性质在某个连续系统上的位置。范畴的命名部分采用了学术界表达方式，如唤醒、控制和自我蜕变，同时根据情况需要自创表达，如"恐速失衡"等。

进一步对比这些规范化概念发现，它们仍存在相关关系和分属关系。放松、乐趣、享受、自由感、舒服、满足感等，这些感觉都是感知的内容，故将其命名为"感知享受"。例如，安全意识、保护意识和量力而行都属于注重安全的意识反映，因此将其命名为"安全"，后者包含了前者；"结交朋友""建立人脉"都是社会交往的行为表现，因此将其命名为"社会交往"；丰富业务资源、提高收入、获得证书、提升工作效率、拓展思维、"更加细心""增加新知识"行为共同表达了"事业提升"这一内涵；"坚定意志""战胜自己""自信"则可由"自我蜕变"内涵涵盖；等等。在对 35 名受访者进行理论性取样分析后，总结出27 个副范畴。表 3-5 中列出了这些副范畴的类别及概念构成。

表 3-5　副范畴类别及概念构成

副范畴类别（C）	构成副范畴的概念（B）
C1：感知享受	B1：放松；B2：乐趣；B6：享受；B17：自由感；B22：舒服；B25：满足感
C2：高度关注	B7：放空心态；B20：集中精力
C3：高峰体验	B9：畅爽；B19：刺激
C4：安全	B8：安全意识；B11：保护意识；B18：量力而行
C5：技术提升	B10：获得新技能；B14：提升滑雪技术；B28：增加锻炼能力
C6：求成	B12：急于求成；B15：循序渐进；B27：着急
C7：情感升华	B3：成就感；B13：鼓励；B16：陶冶情操；B21：性格开朗；B23：找到自身价值；B26：征服感
C8：社会交往	B4：结交朋友；B24：建立人脉
C9：身体健康	B29：健康养生；B31：健身
C10：升华生活方式	B30：丰富生活；B40：追求时尚；B56：热爱生活
C11：事业提升	B32：丰富业务资源；B38：提高收入；B42：获得证书；B45：提升工作效率；B50：拓展思维；B52：更加心细；B60：增加新知识
C12：心理健康	B5：缓解压力；B33：提升心理素质
C13：速度赋能	B34：加速很爽；B35：调整速度；B36：技术瓶颈
C14：恐速失衡	B37：害怕加速；B39：控制速度；B41：恐速失衡；B43：恐惧肢体不协调
C15：上瘾	B44：滑雪运动的上瘾；B46：挑战滑雪赛道的上瘾
C16：重游意愿	B47：重游亚布力滑雪场
C17：唤醒	B48：心旷神怡；B51：心胸开阔；B53：正能量

续表

副范畴类别（C）	构成副范畴的概念（B）
C18：愉快	B55：兴奋；B58：愉快感
C19：克服恐惧	B59：克服害怕；B61：克服恐速；B57：克服担忧；B49：克服紧张；B54：克服恐惧
C20：自我蜕变	B65：坚定意志；B74：战胜自己；B77：自信
C21：猎奇	B62：好奇；B78：探索新雪道
C22：新鲜感	B63：未尝试过；B66：新鲜
C23：增进感情	B64：增进亲情；76：增进友情
C24：人与山的融合	B67：群山环绕；B73：一览众山小
C25：人与雪的融合	B68：白茫茫的雪；B70：雾凇景观；B72：雪道美；B75：眼前雪景
C26：人与自然的融合	B69：空气好；B79：自然美
C27：获得幸福感	B71：滑雪过程幸福；B80：回忆滑雪场景幸福

3.2.2　主轴式编码

开放式编码形成的概念和范畴由于各范畴间的关系尚不明确，仍是较为杂乱无序的状态。为了获得更加系统化、概括化的主范畴，需要对开放式编码的结果进行进一步的分类和整理，考虑它们之间的因果关系，以便进行主轴式编码。主轴式编码是根据 Strauss 和 Corbin 提出的条件→行动或互动策略→结果范式模型，将分散的资料重新整合的过程。在这个范式中，条件指的是某一具体现象发生的情境，行动或互动策略是指在该情境下的行为策略，结果是指由行为策略产生的后果。

本部分基于开放式编码，增加了范畴稠密度，进行了主轴式编码。举例说明如下：一是将感知享受、高度关注和高峰体验这 3 个副范畴整合为"沉浸体验"这一主范畴，表示滑雪者在滑雪过程中完全投入，享受全身心的感受；二是将人与山的融合、人与雪的融合和人与自然的融合这 3 个副范畴归为"自然体验"这一主范畴，表示滑雪者对自然环境的感受；三是分析得到的 2 个副范畴速度赋能、恐速失衡是属于滑雪者对滑雪速度的体验，归纳为"速度体验"主范畴；四是将能够体现高山滑雪价值的情感升华、社会交往、身体健康、事业提升、升华生活方式、心理健康 6 个副范畴，归纳为"功利价值"的主范畴；五是将克服恐惧和自我蜕变 2 个副范畴划归为"勇气水平"主范畴；等等。

本部分在开放式编码的基础上，进一步增加了范畴的稠密度，采用主轴式编码的方法。在此过程中，研究者根据潜在脉络关系和范式模型，将 27 个副范畴进行了归类。具体来说，这些副范畴被归纳为沉浸体验、功利价值等 9 个主范畴，这些主范畴被总结在表 3-6 中。

表 3-6　主范畴

主范畴（D）	构成主范畴的副范畴类别（C）
D1：沉浸体验	C1：感知享受；C2：高度关注；C3：高峰体验
D2：功利价值	C7：情感升华；C8：社会交往；C9：身体健康；C10：升华生活方式；C11：事业提升；C12：心理健康
D3：速度体验	C13：速度赋能；C14：恐速失衡
D4：滑雪成瘾	C15：滑雪上瘾
D5：消费者情感	C17：唤醒；C18：愉快
D6：勇气水平	C19：克服恐惧；C20：自我蜕变
D7：娱乐价值	C21：猎奇；C22：新鲜感；C23：增进感情
D8：自然体验	C24：人与山的融合；C25 人与雪的融合；C26：人与自然的融合
D9：生活幸福感	C27：获得幸福感

3.2.3　选择性编码

选择性编码是在主轴式编码的基础上进行的，主要目的是对编码内容进行整合，以处理范畴之间的关系。在这个过程中，研究者从已经确定的主范畴中提取出核心范畴，深入分析核心范畴与主范畴、副范畴及其他范畴之间的关系，然后使用以故事线为典型的关系结构来分析核心范畴与主副范畴的联系，最终建立起新的理论研究框架。在本部分中，通过对 9 个主范畴和 27 个副范畴进行深入考察和分析，结合原始访谈素材的对比和剖析，最终确认将"高山滑雪体验"作为核心范畴，以此来统领涵盖所有其他范畴和概念。

经过对 9 个主范畴的逻辑梳理和详细分析，本研究将高山滑雪体验确定为核心范畴，并围绕核心范畴建立了故事线，包括沉浸体验、速度体验、自然体验、消费者情感、滑雪成瘾、功利价值、娱乐价值、生活幸福感和勇气水平。在分析过程中发现，本书选择性编码故事线（见图 3-2）所呈现的基本逻辑如下：在高山滑雪过程中，滑雪者存在多方面的体验，包括沉浸体验、速度体验和自然体验。正是由于高山滑雪体验的独特性，一方面，结合滑雪者勇气水平的不同，产生了不同的消费者情感，使滑雪者产生了对高山滑雪运动的依赖，或者由高山滑雪体验直接产生了滑雪成瘾。另一方面，通过高山滑雪体验，滑雪者能够充分感知到高山滑雪运动给其带来的功利价值和娱乐价值，这些价值不仅使滑雪者感觉到愉快和满足，同时影响到了滑雪者的生活，带来了生活的幸福感，产生了溢出效应。

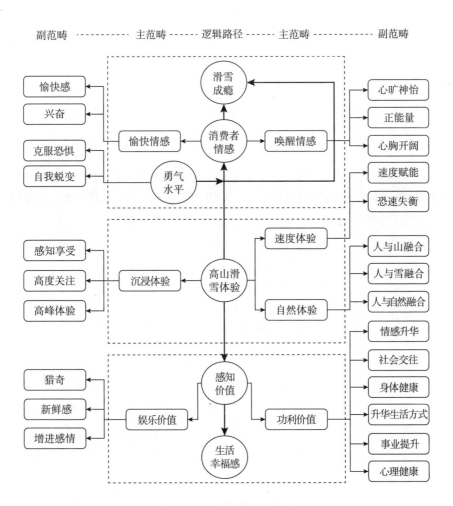

图3-2　选择性编码故事线

3.2.4 理论饱和度检验

在质性研究中，判断理论饱和度的方法与定量研究不同，通常采用理论抽样的方式进行。这种抽样是有针对性的，旨在对概念和理论的发展进行补充和澄清。对理论饱和程度的判断是扎根理论质性研究的关键步骤，也是保证数据收集有效性的前提条件。在通常情况下，理论饱和程度是通过对理论抽样结果进行分析并进行判断的。当无法发现新的理论见解时，则可以认为已经达到了理论饱和的程度。

根据 Reynolds 和 Olson（2001）的建议，阶梯式访谈样本量至少应该是 20 人，而 Gutman（1982）和 Zeithaml（1988）等学者则认为，质性研究的样本量应该超过 30 人。本部分首次选取了 18 位具有高山滑雪体验经历的消费者进行分析。当分析至第 14 位受访者时，访谈资料已经相对完善，因此分析至第 15 位受访者时不会出现新的主范畴。为了再次检验理论的合理性，再选取了 6 位受访者，发现没有出现新资料可以构成的理论。因此，样本量达到了 Gutman 等学者的建议要求，达到了理论饱和的状态。本部分共选择了 35 名具有高山滑雪体验的消费者进行访谈，访谈资料基本上已经充分，且研究理论已达到饱和。在理论饱和的基础上，进一步增加访谈人数只会形成访谈资料的重复性，对理论模型的构建并无意义。因此，样本数量是足够的，并且符合质性研究的标准。

3.3　探索性研究发现

本书通过对深度访谈数据进行整理和分析，得出了高山滑雪体验的维度、勇气水平、消费者情感、滑雪成瘾、消费者感知价值和生活幸福感 6 个概念范畴，它们之间存在系统关联关系，围绕故事线索，将高山滑雪体验各维度及影响效应的各个变量与高山滑雪体验相对应，构建高山滑雪体验的整合研究框架，如图 3-3 所示。

根据图 3-3 中对逻辑关系的进一步梳理，发现了两种机理：高山滑雪体验对滑雪成瘾产生影响；高山滑雪体验除了对滑雪成瘾产生影响外，还产生了溢出效应，即高山滑雪体验对滑雪者的生活幸福感也产生了影响。同时，沉浸体验、速度体验和自然体验 3 个维度的提炼，为测度高山滑雪体验、验证高山滑雪体验的影响效应提供了依据。

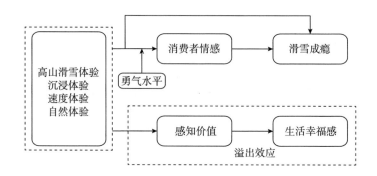

图 3-3　高山滑雪体验的整合研究框架

3.3.1　高山滑雪体验的维度构成

选择性编码是通过选择核心范畴将各主范畴关联起来的过程。本部分确定了"高山滑雪体验"这一核心范畴，由沉浸体验、速度体验和自然体验 3 个主范畴构成，分别从不同维度揭示了高山滑雪体验的形成来源。据此，本部分构建了高山滑雪体验的维度结构模型，见图 3-4。

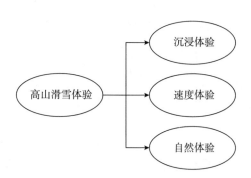

图 3-4　高山滑雪体验的维度结构模型

（1）沉浸体验

沉浸体验是一种专注模式，当人们专注于某项活动时，会缩小意识焦点，通过失去自我意识、对目标反馈和环境控制，过滤掉无关的感知和思想。施思等（2021）在研究中发现，沉浸体验只限于观看旅游演艺时的暂时沉浸，一旦离开情境，沉浸体验就会消失。在沉浸体验状态下，游客被动地"浸入"旅游演艺，忘情地投入而丧失自我意识，认知系统也倾向于关闭状态。沉浸体验是一种无意识的体验，具有一定控制力（刘燕等，2016）。Zheng（2023）将沉浸体验定义为用户愉快并产生时间扭曲的感觉。在访谈中，多数被访谈者提到了这一点，如"滑雪能让我不用顾及太多工作，不用再顾及太多压力""滑雪让我忘记烦恼、压力""滑雪的时候很放空的心态"等。因此，通过对文献的研究和访谈资料分析，结果表明：高山滑雪沉浸体验是指在高山滑雪过程中，滑雪者全身心地投入滑雪运动中，享受运动带来的快乐而忘记其他。

（2）速度体验

高山滑雪运动是通过控制自身重心在雪道上进行大的形体变换，不断地激发身体和心理的双重极限（Hu and Ito，2020），滑雪运动中的形态与运动路线是可目测的感受，运动中的直线下降和曲线回转能让运动者形成不定式的方向感，从而体验到运动者的动感。滑雪速度、雪道落差及雪道地形是高山滑雪的重要影响因素（王飞，2018）。李世涛（2016）通过分析波德莱尔的现代性思想，对速度体验进行了诠释，他认为速度体验是快速和加速带给人们的一系列新奇、刺激的体验，以及对生活的独特感知与感悟。访谈资料显示，高山滑雪爱好者对滑雪速度的感悟很深，既有对速度体验的热爱，如"感觉有一种速度感，特别痛快""板在雪上飘的这种速度感还是很让人愉快的"等，也有对速度体验的恐惧，如"当你不知道怎么去控制这个速度的时候就感觉特别恐惧""连自己的速度都控制不了，给自己和别人都带来了伤害"等。因此，通过对文献的研究和访谈资料分析，结果表明：高山滑雪速度体验是滑雪者从高山之巅借助雪道坡度滑行过程中，由于速度和加速度不易控制而产生的感知，是高山滑雪运动体验与其他运动体验最不同之处。

（3）自然体验

周晨等（2019）认为，自然体验是指在自然环境中，通过人与自然的联系，让体验者在自然环境中亲近大自然和获取知识，从而形成与大自然和谐共存的思想。Bratman等（2019）认为自然体验是指个体通过各种感官通道感知自然世界或与源于自然世界的刺激（从盆栽植物、私人花园移步到更广阔的公共绿地和荒野感受天气的变化，以及太阳的运动）进行互动。自然体验活动参与者多以徒步的形式走进自然，可以有效增强体质、放松压力，有益于身心健康（刘丽芳，2022）。访谈资料显示，高山滑雪爱好者在滑雪过程中，对周边自然环境的感受很强烈，感受到了人与山的融合、人与雪的融合及人与自然的融合。如"在雪场的感觉是空气好、环境好，这就是融入大自然""融入自然，总的感觉是空气好"等。因此，通过对文献的研究和访谈资料分析，结果表明：高山滑雪自然体验是指在高山滑雪过程中，由于速度、力量的运用和调整，滑雪者对周边自然环境产生的深刻和独特的体验。

3.3.2　高山滑雪体验影响滑雪成瘾的机理

根据态度理论中的认知→情感→行为理论，个体首先通过知识、经验和判断形成认知，其次基于事物对于人的价值关系产生相应的情感，最后在情感的基础上引发行为。消费者对高山滑雪体验的认知是形成消费者情感的基础，它通过激发消费者自身的情感来产生消费者的行为意愿——滑雪上瘾，这也印证了滑雪圈里常说的一句话：滑雪是健康"白色鸦片"，一旦爱上就戒不掉。正如访谈中提到的"运动很让人上瘾，尤其是冰雪的环境就是让人上瘾""上瘾，滑雪就像'白色鸦片'"等，说明高山滑雪体验本身就会使人滑雪成瘾；"每次滑完雪后，心情都会非常好""滑雪都会上瘾的""滑雪很有趣，对我来说滑雪很酷啊"等，说明高山滑雪体验可以通过影响消费者情感使其滑雪成瘾。

根据人格特质理论，人之所以有差异，就在于不同的人有着不同的特质表现程度，形成不同的特质构型，以此形成人的行为差异。勇气是人格特质之一，勇气水平的不同会对行为产生影响。在滑雪界有一个共识——滑雪是勇敢者的游戏。也就是说，只有勇敢的人，才能在滑雪时获得更好的滑雪体验，才能更加深刻地体会到滑雪的乐趣和益处。如果勇气不够、不敢尝试、心存畏惧，那么就很难把控滑雪技巧，不仅不能获得好的滑雪体验，而且很有可能在滑雪中受伤。在本章的深度访谈中，出现了很多关于勇气、胆量对滑雪体验影响的相关表述，如"我觉得要克服胆怯，有不少人有胆怯的心理，滑雪本身是一个冒险的东西""我就怕摔""胆子小，无法克服恐惧""在滑雪过程中，要克服怕受伤的心理和对速度的恐惧""我觉得要勇敢一点""克服了恐惧就会滑得更好"等，因此，勇气水平可以作为高山滑雪体验与消费者情感之间的调节变量。

3.3.3　高山滑雪体验的溢出效应

通过深度访谈和扎根理论方法分析，可以了解到高山滑雪的体验价值不仅体现在滑雪运动本身伴随的各种畅爽和愉快的体验，还能体会到高山滑雪体验也对消费者的生活产生了积极影响，如访谈中提到"滑雪让我身心愉快，跟雪友互动交流提高自己，那又是不一样的感受""朋友的孩子得过心理疾病的（抑郁症），滑雪是一个减压的渠道，以非药物手段，达到了治疗减压的目的""周围的雪友，有的人会向你请教，有的人会表扬鼓励你，会有很强的满足感""滑雪减轻了由于工作带给我的压力，并且我获得了滑雪证书，我可以教别人滑雪""和客户都有滑雪的共同爱好，能够拉近关系"等，由此可见，高山滑雪体验对滑雪者的生活产生了积极的影响，但是这种影响是潜移默化的、间接的，并不是在滑雪过程中产生的，滑雪者对高山滑雪体验的认知是形成消费者感知价值的基础，它通过增强消费者自身的感知价值来提高滑雪者的生活幸福感。

根据 S-O-R 理论，个体受到外界环境的刺激而产生情感上的变化，从而体现的心理或行为反应。高山滑雪体验作为刺激因素，会影响到滑雪者的内部机理，如感知价值，进而影响滑雪者的心理反应—生活幸福感，这种影响就是高山滑雪体验所产生的溢出效应。

3.4　本章小结

本章对高山滑雪体验的维度构成、影响滑雪成瘾的机理及溢出效应进行了探索性研究。以黑龙江亚布力阳光滑雪场的 35 名具有代表性的高山滑雪爱好者为研究对象开展深度访谈，采用扎根理论方法的程序化 3 级编码方式进行文本资料编码，构建了高山滑雪体验的整合研究框架，探索性发现高山滑雪体验的维度结构、高山滑雪体验影响滑雪成瘾的机理及溢出效应。

第4章 高山滑雪体验测量量表开发

通过前文中对高山滑雪体验及其影响效应的探索性分析，本书认为高山滑雪体验是在高山滑雪这一特定的运动环境中产生的体验，既有对速度和自然的感知，也有刺激、愉悦和享受等心理感受，包括沉浸体验、速度体验和自然体验3个维度。为更好地从实证分析角度进一步研究高山滑雪体验影响滑雪成瘾的机理及溢出效应，本章拟通过访谈资料分析、初始题项编制、题项净化、量表信度和效度验证等过程，开发高山滑雪体验测量量表，以便为后续研究提供更适用的测量工具。

4.1 量表开发思路

本章在第3章对高山滑雪体验维度结构进行探索性研究的基础上，通过对相关文献进行梳理分析并结合上文的深度访谈内容，借鉴成熟的量表开发思路，对高山滑雪体验的测量量表进行开发和检验。

高山滑雪体验测量量表开发分为三个步骤：第一步是初始测量条目的开发，通过深度访谈分析和相关文献研究，形成测量量表初始题项；第二步是探索性因子分析，对初始题项进行净化，修订或删除效果不理想的题项，初步确定高山滑雪体验的测量量表；第三步是验证性因子分析，对测量量表结构效度、聚合效度及判别效度进行检验，形成最终的高山滑雪体验测量量表。

4.2 初始测量条目的开发

4.2.1 量表初始题项的编制

测量量表初始题项的开发包括两种途径：一是进行开放式或半开放式深度访

谈，通过扎根理论编码分析，开发出相应的测量题项，该方法适用于尚处于探索阶段、相关研究较少的领域。二是基于已有的文献，通过概念分析及借鉴已经开发的成熟的量表题项构建自己研究的题项；当某个领域研究文献资料较多，但主要以概念分析为主，尚存在较多争论时，该种方法较为适用。目前，高山滑雪体验尚无成熟的测量体系，理论研究和实证分析也十分匮乏。因此，本书结合以上两种方法，在已有相关文献内容的基础上，结合深度访谈内容开发高山滑雪体验各维度的初始题项。

沉浸体验维度题项的编制主要参考 Hwang 和 Hyun（2013）和 Zheng 等（2017）对沉浸体验的研究成果，见表4-1。

表4-1　沉浸体验的测量题项及来源

维度名称	编号	测量题项	参考文献
沉浸体验	1	高山滑雪运动中，时间过得真快	Hwang 和 Hyun（2013）
	2	高山滑雪时，我处于没有自我意识的状态中	
	3	在高山滑雪过程中，我失去了时间感	
	4	高山滑雪对于我的生活非常重要	
	5	我花了很多时间思考如何进行高山滑雪	
	6	高山滑雪对我有持续性的意义	
	7	在高山滑雪运动中，我的注意力完全聚焦	Zheng 等（2017）
	8	我毫不费力地将注意力放在高山滑雪运动中	
	9	在高山滑雪运动中，我精力完全集中	
	10	在高山滑雪运动中，我不关心别人是如何看待我的	
	11	我不担心我在高山滑雪运动中的表现	
	12	我非常享受高山滑雪这项运动	
	13	高山滑雪运动让我非常兴奋	
	14	高山滑雪运动非常爽	
	15	高山滑雪运动让我非常开心	
	16	我觉得自己有足够的能力满足雪道的高度要求	
	17	高山滑雪中的挑战和我的技能都处于同样高的水平	

速度体验维度题项的编制主要参考 Weder（2009）对速度体验的研究成果及深度访谈的结果，见表4-2。

表4-2　速度体验的测量题项及来源

维度名称	编号	测量题项	参考文献
速度体验	1	在高山滑雪中，我感觉到了速度和力量的转变	Weder （2009）
	2	高山滑雪中，克服本能的恐惧是超越最高水平速度的核心	
	3	一旦适应了速度的变化，速度就变成了力量	
	4	在高山滑雪中，每一刻的速度都是不同的	
	5	速度的提升让我感觉周边的一切都变得模糊	
	6	高山滑雪中速度的调整和适应是一件很有趣的事情	
	7	对速度的适应让我偶尔处于一种无意识状态	根据访谈结果 自行开发
	8	速度是让我对高山滑雪上瘾的一个重要因素	
	9	在高山滑雪中，"恐速"是每个滑雪者都要经历的	
	10	在高山滑雪中，对速度的把控源于长时间的训练	
	11	在高山滑雪中，风速会影响滑行速度	
	12	在高山滑雪中，速度是获得超爽体验的前提	
	13	在高山滑雪中，速度失控让我非常恐惧	
	14	在高山滑雪中，加速让我非常兴奋和激动	
	15	在高山滑雪中，耳边的风往往让你识别速度的存在	

自然体验维度题项的编制主要参考对自然体验的研究成果和深度访谈的结果，见表4-3。

表4-3　自然体验的测量题项及来源

维度名称	编号	测量题项	参考文献
自然体验	1	高山滑雪让我体验人与自然的和谐	根据访谈结果 自行开发
	2	高山滑雪让我体会到自己是自然的一部分	
	3	高山滑雪让我体会到，与自然和环境的联系是我精神的一部分	
	4	高山滑雪让我体会到，我理想的度假地点是远离城市的地方	
	5	我喜欢待在户外	
	6	高山滑雪过程中，清新的空气让我精神振作	
	7	在滑雪过程中，我热情高涨	
	8	高山滑雪过程中，我能感觉到人与自然的沟通	
	9	高山滑雪过程中的景物是与众不同的	
	10	高山滑雪过程中，美丽的景色在我身边掠过	

4.2.2 问卷的编制和修订

根据问卷调查的目的，首先，问卷的题目应包括高山滑雪体验 3 个维度的具体题项；其次，通过第 2 章文献综述和第 3 章探索性研究表明，高山滑雪体验会受到人格特质的影响，因此需要将被调查者的基本情况，包括性别、年龄、学历等个体人口统计变量纳入调查问卷中。

调查问卷共分为两个部分：第一部分是被调查者的个人信息，包括性别、年龄、学历、收入等。第二部分是关于高山滑雪体验的问题，涉及沉浸体验、速度体验和自然体验 3 个维度，共有 42 个量表题项，采用李克特 5 分量表。

在形成初始的调查问卷之后，笔者同导师团队的人员对问卷的内容进行了详细探讨。导师团队成员包括 1 位教授、2 位副教授、3 位青年讲师、3 位博士研究生及 3 位硕士研究生。在讨论结束后，对初始问卷进行了修订。例如，将原问题"我在滑雪过程中热情高涨"改为"尽管气候寒冷，但我在滑雪过程中热情高涨"，将"我喜欢待在户外"改为"高山滑雪让我体会到，即使在不愉快的天气里，我也喜欢待在户外"。修订之后，本书确定了调查问卷的最终版本。

4.3 预调查与数据分析

本书采用探索性因子分析方法，参照 Sha 等（2018）的研究，旨在探索高山滑雪体验量表的最佳结构，并判断初始测量题项与对应构念维度的适配性。本部分以黑龙江亚布力阳光滑雪场的高山滑雪顾客为调查对象，通过问卷星制作并发布调查问卷（见附录 2）进行数据收集，预测试对象的选择与正式问卷的调研对象性质相同。为了保证问卷质量，本课题组对问卷内容设置了干扰项，对收集者给予一些小的物质奖励或者红包奖励等作为激励措施。在量表的预测试与检验中，本研究采用李克特 5 点评分表，顺序由低到高（从 1 至 5），数字所代表的含义分别为非常不同意、比较不同意、不确定、同意及非常同意。

4.3.1 样本特征

本次调查共发放 700 份问卷，回收问卷 685 份，剔除问卷填写存在前后逻辑矛盾、内容不完整等无效问卷后，有效问卷为 630 份。样本数量高于量表题项数量的 5 倍，符合开展探索性因子分析要求。

通过对 630 个有效样本的人口统计变量特征进行分析，本书的样本在性别、年龄、受教育程度、职业、收入等方面具有如下特点，见表 4-4。

表 4-4　样本基本信息描述统计

人口统计特征	具体选项	频次	百分比（%）
性别	男	495	78.6
	女	135	21.4
年龄	18 岁以下	25	4
	18~45 岁	455	72.2
	46~55 岁	104	16.5
	56~65 岁	41	6.5
	65 岁以上	5	0.8
职业	职员及学生	392	62.2
	管理人员	55	8.7
	教师	17	2.7
	顾问/咨询	2	0.3
	专业人士	22	3.5
	其他	142	22.5
受教育程度	高中及以下	63	10
	大专	421	66.8
	本科	125	19.8
	研究生	21	3.3
月可支配收入	3000 元及以下	291	46.2
	3001~5000 元	119	18.9
	5001~8000 元	91	14.4
	8001~10000 元	48	7.6
	10000 元以上	81	12.9
每年参加冬季户外高山滑雪频率	1~3 次	233	37
	4~6 次	66	10.5
	7~9 次	43	6.8
	10~12 次	29	4.6
	12 次以上	259	41.1

续表

人口统计特征	具体选项	频次	百分比（%）
出行方式	旅行团	124	19.7
	自驾游	506	80.3
每年滑雪 消费的金额	1000 元以下	178	28.3
	1001～3000 元	154	24.4
	3001～5000 元	103	16.3
	5001～10000 元	88	14
	10000 元以上	107	17

如表 4-4 所示，本书男性被调查者共有 495 人，占有效样本总数的 78.6%，而女性被调查者共有 135 人，占有效样本总数的 21.4%。在年龄方面，参与此次问卷调查的 630 位个体消费者中，18 岁以下的被调查者 25 人，占有效样本数的 4%；18～45 岁的被调查者为 455 人，占有效样本总数的 72.2%，是本次问卷调查的参与主体；46～55 岁的被调查者为 104 人，占有效样本总数的 16.5%；56～65 岁的被调查者共有 41 人，在有效样本总数中占比 6.5%；65 岁以上的被调查者共有 5 人，在有效样本总数中占比 0.8%。在受教育程度方面，高中及以下的被调查者有 63 人，占有效样本总数的 10%；大专程度的被调查者有 421 人，占有效样本总数的 66.8%；本科程度的被调查者共 125 人，在有效样本总数中占比 19.8%；研究生教育程度的被调查者有 21 人，占有效样本总数的 3.3%。在职业方面，职员及学生有 392 人，占有效样本总数的 62.2%；管理人员共有 55 人，占有效样本总数的 8.7%；专业人士共计 22 人，在有效样本总数中占比 3.5%；其他职业的被调查者有 142 人，占有效样本总数的 22.5%。在每年参加冬季户外高山滑雪频率方面，超过 10 次的人员有 288 人，占有效样本总数的 45.7%。每年滑雪消费的金额 3000 元以上的人员有 298 人，占有效样本总数的 47.3%。以自驾游为出行方式的人员 506 人，占有效样本总数的 80.3%。综上所述，本书的有效样本是由具有不同人口统计特征的个体消费者组成的，具有明显的多样化特征，这说明此次问卷调查所获得的有效样本具有很强的代表性。

4.3.2　描述性统计

一般情况下，由于问卷调查收集数据的方法存在无法避免的客观障碍，在实施问卷调查的具体操作时会引致系统偏差。针对这一问题，已有相关研究提出了解决办法，即对所收集的有效样本数据进行描述性统计分析，包括各测量题项的均值、标准差、偏度、峰度等值的分析，看这些数据是否服从正态分布。具体而言，当各变量测量题项的数据的偏度绝对值小于3且峰度绝对值小于10时，则可得出研究样本服从正态分布的结论，认为样本数据具备了用于后续数据分析的基本条件。本书模型所涉及的变量包括沉浸体验、速度体验和自然体验，使用统计软件SPSS 22.0对这些变量的测量题项进行均值、标准差、偏度、峰度等描述性统计特征的分析，分析结果见表4-5。

表4-5 各测量题项数据的描述性统计

构念	题项	描述统计量						
		均值	标准差	方差	偏度		峰度	
					统计量	标准误	统计量	标准误
沉浸体验	C1	4.45	0.949	0.9	-2.043	0.097	4.041	0.194
	C2	2.68	1.45	2.102	0.333	0.097	-1.215	0.194
	C3	3.41	1.376	1.892	-0.331	0.097	-1.11	0.194
	C4	3.92	1.04	1.082	-0.662	0.097	-0.232	0.194
	C5	3.99	1.033	1.067	-0.84	0.097	0.187	0.194
	C6	4.13	0.962	0.925	-1.019	0.097	0.614	0.194
	C7	4.44	0.786	0.619	-1.476	0.097	2.22	0.194
	C8	3.99	1.111	1.234	-0.973	0.097	0.251	0.194
	C9	4.45	0.748	0.559	-1.381	0.097	2.003	0.194
	C10	3.58	1.282	1.642	-0.511	0.097	-0.83	0.194
	C11	3.21	1.321	1.745	-0.08	0.097	-1.156	0.194
	C12	4.49	0.797	0.635	-1.741	0.097	3.15	0.194
	C13	4.45	0.783	0.613	-1.549	0.097	2.645	0.194
	C14	4.53	0.756	0.571	-1.806	0.097	3.804	0.194
	C15	4.53	0.74	0.548	-1.771	0.097	3.621	0.194
	C16	3.94	1.1	1.211	-0.807	0.097	-0.128	0.194
	C17	3.73	1.1	1.209	-0.432	0.097	-0.601	0.194

构念	题项	描述统计量						
		均值	标准差	方差	偏度		峰度	
					统计量	标准误	统计量	标准误
速度体验	S1	4.35	0.805	0.648	-1.346	0.097	2.216	0.194
	S2	4.23	0.925	0.856	-1.252	0.097	1.327	0.194
	S3	4.29	0.863	0.746	-1.244	0.097	1.482	0.194
	S4	4.26	0.918	0.842	-1.32	0.097	1.561	0.194
	S5	3.68	1.192	1.42	-0.577	0.097	-0.598	0.194
	S6	4.39	0.746	0.557	-1.101	0.097	0.875	0.194
	S7	3.26	1.326	1.759	-0.168	0.097	-1.085	0.194
	S8	3.98	1.059	1.122	-0.92	0.097	0.25	0.194
	S9	4.23	0.924	0.854	-1.293	0.097	1.637	0.194
	S10	4.32	0.863	0.744	-1.437	0.097	2.302	0.194
	S11	4.34	0.823	0.677	-1.272	0.097	1.595	0.194
	S12	3.93	1.102	1.213	-0.884	0.097	0.121	0.194
	S13	3.81	1.172	1.374	-0.789	0.097	-0.187	0.194
	S14	4.25	0.838	0.703	-1.016	0.097	0.862	0.194
	S15	4.13	0.94	0.883	-1.046	0.097	0.842	0.194
自然体验	Z1	4.32	0.816	0.667	-1.073	0.097	0.86	0.194
	Z2	4.31	0.851	0.725	-1.255	0.097	1.534	0.194
	Z3	4.27	0.83	0.689	-1	0.097	0.723	0.194
	Z4	4.07	1.053	1.11	-1.021	0.097	0.392	0.194
	Z5	4.04	1.07	1.144	-1.023	0.097	0.378	0.194
	Z6	4.47	0.701	0.491	-1.194	0.097	1.145	0.194
	Z7	4.49	0.704	0.495	-1.611	0.097	3.632	0.194
	Z8	4.35	0.812	0.66	-1.179	0.097	1.102	0.194
	Z9	4.38	0.778	0.605	-1.185	0.097	1.249	0.194
	Z10	4.16	0.999	0.999	-1.214	0.097	1.059	0.194

根据表4-5中的数据可以看出,本部分模型中所有变量的测量题项的偏度绝对值都小于3,且峰度绝对值都远小于10,这表明测量数据近似于正态分布。这个结论根据Kline(1998)的标准得出,这说明在后续的数据分析和处理中,这

些数据可以被视为满足正态分布的基本条件。

4.3.3　探索性因子分析

根据 Hinkin（1995）和吴明隆（2010）的量表开发流程，本书使用 SPSS 22.0 进行探索性因子分析，寻找出最适合的高山滑雪体验测量题项，并初步检验其结构维度。为了能够精准地抽取测量用户信息需求的测量题项，除了采用扎根理论 3 级编码来拟定初始题项，本书还采用探索性因子分析法来进一步探索与确定变量的测量题项。通过探索性因子分析，一方面，可以了解本书所涉及的测量题项的因子结构；另一方面，有助于根据因子载荷筛选简化测量量表的题项数目。方差旋转的主成分分析法对于确定一组特定变量的潜在因子是一种特别有用的技术，因此，本书采用主成分分析法进行因子分析，因子旋转方法采用最大方差法。

进行因子分析前，本书首先对测量项之间是否适合做因子分析进行判断，方法是通过判断取样适度性测量值（KMO）的大小与巴特利特球形检验是否显著来判断。一般认为 KMO 越接近于 1 则越表示测度项适合做因子分析，巴特利特球形检验显著表明所取数据来自多元正态分布的总体。从表 4-6 中可以看到，KMO 测量值为 0.953，巴特利特球形检验在 0.000 的水平上显著，表明此次问卷中信息需求测量题项之间适合做因子分析。

表 4-6　高山滑雪体验量表的 KMO 和巴特利特检测

KMO	0.953
近似卡方	13560.64127
df	861
Sig.	0.000

本部分使用正交旋转法和主成分分析法进行探索性因子分析，先将因子载荷低于 0.5、因子下仅有一个题项或交叉载荷过高的题项删除，然后进行 4 次正交旋转。最终，本部分选取了 12 个题项，共提取 3 个因子，分别为沉浸体验、速度体验和自然体验。这 12 个题项的因子载荷均超过 0.5，与通过扎根理论分析所得的 3 个维度相吻合，见表 4-7。

表 4-7　高山滑雪体验探索性因子分析结果

旋转后的因子载荷矩阵^a

	因子		
	因子 1	因子 2	因子 3
在进行高山滑雪运动时，我会完全集中精力	0.748		
我非常享受高山滑雪这项运动	0.815		
高山滑雪运动让我非常兴奋	0.810		
高山滑雪非常爽	0.803		
对速度的适应让我偶尔处于一种无意识状态			0.681
速度是让我对高山滑雪上瘾的一个重要因素			0.755
在高山滑雪运动中，速度是获得超爽体验的前提			0.766
在高山滑雪运动中，加速让我非常兴奋和激动			0.670
高山滑雪让我体验人与自然的和谐		0.816	
高山滑雪让我体会到自己是自然的一部分		0.843	
高山滑雪让我体会到，与自然和环境的联系是我精神的一部分		0.820	
高山滑雪过程中，我能感觉到人与自然的沟通		0.727	

注：提取方法为主成分分析法；旋转方法为 Varimax 与 Kaiser 归一化；旋转在 5 次迭代中收敛。

通过主成分分析方法，提取出了 3 个特征值大于 1 的因子，这 3 个因子能够解释总方差的 68.628%，符合解释方差 50% 以上的标准。具体的探索性因子分析结果见表 4-8。

表 4-8　高山滑雪体验量表的探索性因子分析

成分	初始特征值			提取平方和载入			旋转平方和载入		
	合计	解释方差百分比	累积方差百分比	合计	解释方差百分比	累积方差百分比	合计	解释方差百分比	累积方差百分比
1	5.399	44.988	44.988	5.399	44.988	44.988	3.01	25.082	25.082
2	1.611	13.422	58.41	1.611	13.422	58.41	2.953	24.609	49.691
3	1.226	10.219	68.628	1.226	10.219	68.628	2.273	18.938	68.628
4	0.715	5.957	74.585						
5	0.554	4.613	79.199						
6	0.478	3.987	83.186						

成分	初始特征值			提取平方和载入			旋转平方和载入		
	合计	解释方差百分比	累积方差百分比	合计	解释方差百分比	累积方差百分比	合计	解释方差百分比	累积方差百分比
7	0.423	3.526	86.712						
8	0.409	3.412	90.124						
9	0.377	3.144	93.269						
10	0.298	2.486	95.755						
11	0.289	2.406	98.161						
12	0.221	1.839	100						

注：提取方法为主成分分析法。

信度是指一个测量工具的稳定性和一致性程度，主要分为内部一致性信度和重测信度两种类型。Cronbach's α 系数通常被用来评价量表的信度。Cronbach's α 系数应不低于 0.7，这时才能认为量表的信度水平是可接受的。在本部分中，探索性因子分析得到的高山滑雪体验量表各维度的 Cronbach's α 系数分别为 0.8640、0.7230 和 0.8850（见表 4-9），均大于 0.7，表明该量表的信度水平是良好的，各维度的题项之间存在较高的内部一致性，能够可靠地测量对应的体验维度。

表 4-9　各维度 Cronbach's α 值

维度名称	项数	Cronbach's α
沉浸体验	4	0.8640
速度体验	4	0.7230
自然体验	4	0.8850

4.3.4　测量量表确定

通过数据分析，高山滑雪体验的测量量表共删除了 30 个问题项，最终保留了 12 个题项，沉浸体验、速度体验和自然体验各保留了 4 个题项。下一步将对高山滑雪体验测量量表进行验证性因子分析。

4.4 正式调查与数据分析

探索性因子分析显示高山滑雪体验测量量表包含 3 个维度共 12 个题项，但这仅是建构效度分析的初步结论。仅通过探索性因子分析判定一个构念的维度不足以确认其结构，还需要进行验证性因子分析（吴明隆，2010），因此，本书进行了另一轮问卷调查和验证性因子分析，使用 AMOS 24.0 软件验证高山滑雪体验的维度结构，以确认研究结论的可靠性。

4.4.1 样本特征

Fokkema 和 Greiff（2017）的研究指出，在探索性与验证性因子分析过程中，要规避使用相同样本。因此，本书依照探索性因子分析的数据收集路径再次抽样，仍然使用问卷星进行问卷调查，调查对象仍为黑龙江亚布力阳光滑雪场的高山滑雪爱好者，但本次调查采用定向发放问卷的方式，调查对象与预调查的调查对象不交叉。本次调查共发放 315 份问卷，有效问卷收回 305 份，有效率为 96.8%。其中，女性受访者占比为 64.9%，男性占比为 35.1%；年龄 31～40 岁的受访者占比为 76.8%，41～50 岁的受访者占比为 17.0%；本科学历的受访者占比为 57.2%，硕士及以上学历的受访者占比 5.2%；外联类岗位的受访者占比为 12.9%；支持类岗位的受访者占比为 50.2%；专业类岗位的受访者占比为 32.8%；平均工作年限为 7.84 年。

4.4.2 描述性统计

本部分使用统计软件 SPSS 22.0 对这些变量的测量题项进行描述性统计特征的分析，包括均值、标准差、偏度、峰度等，结果见表 4-10。

表 4-10 各测量题项的描述性统计

序号	题项	有效	均值	标准差	方差	偏度		峰度	
						统计量	偏度的标准误	统计量	峰度的标准误
1	在进行高山滑雪运动时我会完全集中精力	305	4.76	0.591	0.349	-2.061	0.14	6.766	0.278

续表

序号	题项	有效	均值	标准差	方差	偏度		峰度	
						统计量	偏度的标准误	统计量	峰度的标准误
2	我非常享受高山滑雪这项运动	305	4.75	0.603	0.364	-2.094	0.14	5.74	0.278
3	高山滑雪运动让我非常兴奋	305	4.66	0.727	0.528	-2.689	0.14	6.409	0.278
4	高山滑雪非常爽	305	4.7	0.667	0.446	-2.853	0.14	4.789	0.278
5	对速度的适应让我偶尔处于一种无意识状态	305	3.67	1.337	1.788	-0.673	0.14	-0.708	0.278
6	速度是让我对高山滑雪上瘾的一个重要因素	305	4.12	1.077	1.16	-1.135	0.14	0.577	0.278
7	高山滑雪中，速度是获得超爽体验的前提	305	4.16	1.05	1.102	-1.167	0.14	0.584	0.278
8	高山滑雪中，加速让我非常兴奋和激动	305	4.32	0.901	0.812	-1.501	0.14	2.212	0.278
9	高山滑雪让我体验人与自然的和谐	305	4.64	0.66	0.435	-2.081	0.14	4.959	0.278
10	高山滑雪让我体会到自己是自然的一部分	305	4.62	0.643	0.414	-1.909	0.14	4.498	0.278
11	高山滑雪让我体会到，与自然和环境的联系是我精神的一部分	305	4.53	0.716	0.513	-1.799	0.14	4.082	0.278
12	在高山滑雪过程中我能感觉到人与自然的沟通	305	4.53	0.707	0.5	-1.504	0.14	2.26	0.278

表 4-10 中，所有变量的测量题项的偏度绝对值小于 3，且峰度绝对值都远小于 10，服从正态分布，达到了用于后续数据分析与处理的基本条件。

4.4.3 验证性因子分析

参照以往研究，本部分采用 AMOS 24.0 软件进行验证性因子分析，选取最大似然估计法。通过模型拟合指标来评估探索性因子分析得到的模型是否能够准确地拟合实际观测数据。本书设计了 6 个模型展开检验，以期发现具备最佳拟合优度的模型。其中，模型 1 为涵盖沉浸体验、速度体验和自然体验的 1 阶 3 因子模型；模型 2 为涵盖沉浸体验、速度体验的 1 阶 2 因子模型；模型 3 合并沉浸体验和自然体验，构造了 1 阶 2 因子模型；模型 4 合并速度体验和自然体验，构造了 1 阶 2 因子模型；模型 5 合并沉浸体验、速度体验和自然体验 3 个维度，构造了 1 阶单因子模型；模型 6 合并了涵盖沉浸体验、速度体验和自然体验的 2 阶 3 因子模型。模型 1 与模型 6 的拟合水平优于 2 因子模型与单因子模型，同时模型 1 与模型 6 的拟合指数值一致，说明 2 阶 3 因子模型与 1 阶 3 因子模型拟合效果基本相同，达到了理想拟合优度水平，表明量表具有较好构念效度（见表 4-11）。

表 4-11　验证性因子分析结果

模型	χ^2	df	χ^2/df	RMR	RMSEA	GFI	AGFI	IFI	CFI	TLI	NFI
M1（3因子）	153.813	51	3.016	0.035	0.082	0.924	0.884	0.959	0.958	0.946	0.939
M2（CJ+SD）	229.634	53	4.333	0.115	0.105	0.873	0.813	0.537	0.521	0.404	0.472
M3（CJ+ZR）	524.971	53	9.905	0.045	0.172	0.72	0.588	0.81	0.809	0.762	0.793
M4（SD+ZR）	211.583	53	3.992	0.137	0.1	0.883	0.828	0.585	0.57	0.465	0.513
M5（单因子）	863.17	54	15.985	0.12	0.223	0.624	0.457	0.673	0.672	0.599	0.659
M6（3因子）	153.813	51	3.016	0.035	0.082	0.924	0.884	0.959	0.958	0.946	0.939

根据 Hu 和 Bentler（1999）的研究，本部分选择了拟合指标和标准来评估验证性因子分析的模型拟合效果（见表 4-12）。结果表明，大部分的拟合指标达到了标准，说明模型拟合效果良好。

表 4-12　整体模型拟合结果

拟合指标	拟合标准	统计结果
χ^2	越小越好	153.813
规范卡方（χ^2/df）	<3.000	3.016
适配度指标（GFI）	>0.900	0.924
近似误差均方根（RMSEA）	<0.100	0.082
NFI/CFI/TLI/IFI	>0.900	0.939/0.958/0.946/0.959

注：GFI 相当于拟合优度指数；RMSEA 相当于近似均方根误差；NFI 相当于规范拟合指数；CFI 相当于相对拟合指数；TLI 相当于塔克—刘易斯指数；IFI 相当于增量拟合指数；下同。

接下来，本部分对量表进行了组合信度、收敛效度和判别效度检验。通常来说，组合信度应大于 0.700（Bagozzi and Kimmel，1995），收敛效度的判别标准包括：标准因子载荷均大于 0.5、AVE 大于 0.5 和 CR 大于 0.7（Fornell and Larcker，1981；Bagozzi and Yi，1988；Bailey and Ball，2006）。本部分测量量表的 3 个因子的组合信度在 0.849~0.913，标准因子载荷和 AVE 均大于 0.5（见表 4-13），符合可靠性和分析价值的要求，因此，该测量量表具有较好的组合信度和收敛效度。

表 4-13　标准因子载荷、组合信度和平均变异抽取量

因子	测项	标准因子载荷	CR	AVE
沉浸体验	在进行高山滑雪运动时，我会完全集中精力	0.613	0.893	0.680
	我非常享受高山滑雪这项运动	0.843		
	高山滑雪运动让我非常兴奋	0.927		
	高山滑雪非常爽	0.879		
速度体验	对速度的适应让我偶尔处于一种无意识状态	0.544	0.849	0.590
	速度是让我对高山滑雪运动上瘾的一个重要因素	0.835		
	高山滑雪运动中，速度是获得超爽体验的前提	0.852		
	高山滑雪运动中，加速让我非常兴奋和激动	0.801		
自然体验	高山滑雪让我体验人与自然的和谐	0.833	0.913	0.727
	高山滑雪让我体会到自己是自然的一部分	0.879		
	高山滑雪让我体会到，与自然和环境的联系是我精神的一部分	0.897		
	在高山滑雪过程中，我能感觉到人与自然的沟通	0.797		

此测量量表（表 4-13）的 3 个因子的 AVE 值的平方根均高于该因子与其他因子间的相关系数，说明量表具有良好的判别效度，具体见表 4-14。

表 4-14　判别效度分析结果

维度	沉浸体验	速度体验	自然体验
沉浸体验	0.824		
速度体验	0.48***	0.768	
自然体验	0.687***	0.536***	0.852

注：对角线加粗数据为 AVE 平方根值，*** 代表在 0.001 的水平上显著。

4.5　研究结果

在前述研究中，基于扎根理论方法获得了高山滑雪体验的维度构成，包含沉浸体验、速度体验和自然体验3个维度。本部分通过探索性因子分析、验证性因子分析、信效度检验等步骤，对高山滑雪体验测量量表进行了开发，得到了沉浸体验、速度体验和自然体验3个维度，共计12个题项的高山滑雪体验的测量量表（见表4-15）。此量表可基本实现对高山滑雪体验的准确测量，为进一步研究高山滑雪体验影响滑雪成瘾的机理及溢出效应提供了测量工具。

表4-15　高山滑雪体验的测量量表

维度	序号	测量题项
沉浸体验	C1	在进行高山滑雪运动时，我会完全集中精力
	C2	我非常享受高山滑雪这项运动
	C3	高山滑雪运动让我非常兴奋
	C4	高山滑雪非常爽
速度体验	S1	对速度的适应让我偶尔处于一种无意识状态
	S2	速度是让我对高山滑雪上瘾的一个重要因素
	S3	在高山滑雪运动中，速度是获得超爽体验的前提
	S4	在高山滑雪运动中，加速让我非常兴奋和激动
自然体验	Z1	高山滑雪让我体验人与自然的和谐
	Z2	高山滑雪让我体会到自己是自然的一部分
	Z3	高山滑雪让我体会到，与自然和环境的联系是我精神的一部分
	Z4	在高山滑雪过程中，我能感觉到人与自然的沟通

4.6　本章小结

本章基于量表开发的规范化程序，编制了高山滑雪体验3个维度的测量题项，最终形成了包含42个题项的初始测量量表，其中沉浸体验包括17个题项，速度体验包括 15 个题项，自然体验包括 10 个题项。本章进一步通过探索性因子分析，对高山滑雪体验初始测量量表进行净化，最终保留了 12 个题项（高山滑雪体验 3 个维度各包括 4 个题项），形成了高山滑雪体验的测量量表。由于此量表的题项来源于本书对我国高山滑雪爱好者的深度访谈，并通过扎根理论方法得到，因此，该量表符合我国国情特点，是可量化的测度工具。以此测量量表为基础编制了问卷进行正式调查，结合调查数据对测量量表进行了验证性因子分析和信度、效度分析，从而成功开发出高山滑雪体验的测量工具。

第5章 高山滑雪体验对滑雪成瘾的影响研究

本章以第 3 章高山滑雪体验影响滑雪成瘾的机理及溢出效应的探索性分析为基础，结合文献研究，构建高山滑雪体验影响滑雪成瘾的机理研究模型，并提出研究假设；在借鉴前人成熟测量量表的基础上，结合第 4 章中对高山滑雪体验测量量表的开发结果，设计调查问卷并展开问卷调查，利用 SPSS 22.0、AMOS 24.0 等软件对高山滑雪体验影响滑雪成瘾的机理进行探究。

5.1 研究模型的构建

随着冰雪经济的逐渐升温，我国参与高山滑雪运动的人群日益扩大；滑雪场数量逐渐增加，滑雪场之间的竞争也越发激烈。对于滑雪场的管理人员来说，为了企业的生存和发展，就必须与时俱进，不断优化和创新经营管理方式，保持滑雪场的竞争优势。一方面要引导消费者重复消费，让更多消费者成为老顾客，增加消费者的消费黏性；另一方面要开发新市场，增加新客源。在滑雪圈里，高山滑雪被比喻为健康"白色鸦片"，因为它对滑雪爱好者的吸引力很大。一旦游客学会了滑雪，就很容易将其转变为个人的兴趣爱好，并成为一种习惯。通过扎根理论方法发现高山滑雪者普遍认同滑雪成瘾现象。一旦滑雪者"成瘾"，他们就会持续在滑雪场所消费。正因为高山滑雪运动较之其他的休闲运动具有"成瘾"的特点，当滑雪者沉浸在高山滑雪运动中时，畅爽的运动体验提升了其再次尝试与不断尝试的欲望。因此，深入研究滑雪成瘾的机理，特别是厘清高山滑雪体验影响滑雪成瘾的机理对提升滑雪场营销能力具有至关重要的作用。

高山滑雪体验研究的整合研究框架是运用扎根理论方法得到的探索性成果，

但质性研究仍存在以下不足：一是需要进行量化研究来扩大研究结果的普适性；二是目前的研究未能解释高山滑雪体验影响滑雪成瘾的机理，更未能进行详细的探讨和细化的解释。本章在前文扎根理论得出的高山滑雪体验对滑雪成瘾影响的探索性研究基础上，对第 3 章整合研究框架的一些范畴进行概念化和操作化改进，以态度理论中的认知→情感→行为模型为理论基础，构建高山滑雪体验影响滑雪成瘾的机理研究模型（见图 5-1），进一步用结构方程模型对高山滑雪体验影响滑雪成瘾的机理进行分析和实证检验。首先，研究高山滑雪体验各维度对滑雪成瘾的影响；其次，探讨消费者情感在高山滑雪体验与滑雪成瘾之间的中介作用；最后，分析验证人格特质——勇气水平在高山滑雪体验和消费者情感之间的调节作用。

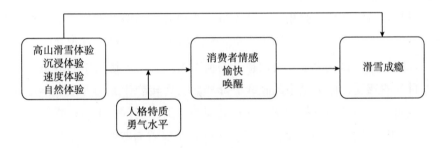

图 5-1　高山滑雪体验影响滑雪成瘾的机理研究模型

5.2　研究假设的提出

5.2.1　高山滑雪体验对消费者情感的影响

情感代表理论认为情感是对具有价值的事物，特别是包含内在价值事物的反馈，消费者情感是消费者在消费中产生的积极或消极的特殊的心理表达。消费者情感是感受服务经验的情感变化过程，在体验服务过程中，消费者的情感是消费前情感、消费中情感和消费后情感的结合，如果能够使消费者感受到高品质的消费环境或者高质量的体验，从而满足他们的需求，则消费者情感则会表现为积极的正向情感（Angel et al.，2023）。现有研究表明，消费者对体验的需求是通过产品和服务提供的体验来激发消费者的情感。高山滑雪体验是体验营销的一种实际应用，是指滑雪者自身的因素和在滑雪过程中伴随的与其他人互动、滑雪旅游相关产品等多方面相互影响的过程，以及获得的相关知识、高兴和满足感。高山滑雪体验依托雪地环境，能够使滑雪者获得身心放松、心情愉快等放松感，从而保持消费者健康活力的最佳方式，从而能够正向影响消费者情感（王飞，2018）。

进一步地，高山滑雪体验的 3 个维度很可能对消费者情感具有影响作用。具体而言，高山滑雪体验分为沉浸体验、速度体验、自然体验，这 3 个维度均对消费者情感产生影响。在高山滑雪消费者持续消费的过程中，沉浸体验与消费者意愿具有较强的关联性，并且对消费者情感具有正向影响。在高山滑雪沉浸体验方面，消费者注重滑雪场所的干净与舒适；营造良好的滑雪运动场所，能够让滑雪运动者感受到滑雪环境的轻松感，从而进一步提升了消费者重复消费的意愿及消费者情感（郭文秀，2021）。高山滑雪速度体验体现了消费者寻求冒险刺激、改善运动技能等实现自我突破与价值提升的消费需求，滑雪运动中的形态与运动路线是可目测的感受，而运动中的直线下降和曲线回转能让运动者形成不定式的方向感，从而体验到运动者的动感，这种直观刺激的速度体验正向影响消费者情感（杨志林和王晶波，2021）。高山滑雪自然体验是滑雪消费的内在动机，滑雪场大多依山形而建，消费者更能长时间体验滑行的乐趣，从而增加消费者情感（柯莹莹等，2019）。

综上，本部分针对高山滑雪体验对消费情感的影响提出如下假设：

H1a：高山滑雪沉浸体验正向影响消费者愉快情感。

H1b：高山滑雪速度体验正向影响消费者愉快情感。

H1c：高山滑雪自然体验正向影响消费者愉快情感。

H1d：高山滑雪沉浸体验正向影响消费者唤醒情感。

H1e：高山滑雪速度体验正向影响消费者唤醒情感。

H1f：高山滑雪自然体验正向影响消费者唤醒情感。

5.2.2　消费者情感对滑雪成瘾的影响

滑雪成瘾是成瘾行为的一种表现形式，并不是所有的成瘾行为都是病态的，而任何刺激个体的因素都可以导致成瘾行为的出现（Cui et al.，2018）。成瘾行为出现在购物、技术使用、锻炼、赌博、暴饮暴食等方面（Griffiths，1997；Martin et al.，2013）。有学者认为，任何能够立即产生奖励的行为都可能成为"成瘾"的焦点（Fattore et al.，2010）。滑雪运动可以锻炼身体并提高人们对高品质生活的追求，高山滑雪运动比较容易让人上瘾（Heirene et al.，2016）。关于滑雪成瘾与其他概念之间的差异，学者们也进行了相关研究，结果表明：滑雪成瘾与强迫性购买行为的区别体现在强迫性购买者比较难以描述自己购买的原因，且购买行为对情绪的影响持续的时间较短，然而在滑雪成瘾的情况下，消费者对滑雪运动后的满足感和渴望感却能够维持较长的时间（Cui et al.，2018）。

消费者情感是情感范围中的一个分支，消费者情感是消费者在消费中产生的积极或消极的特殊心理表达，不同的消费体验会产生完全不同的消费者情感反应。滑雪运动爱好者对滑雪运动是一种兴趣爱好的追求状态，消费者情感贯穿整个滑雪运动的过程，积极正向的消费者情感会引导其他消费者对滑雪运动产生一种积极的认知，消费者情感变化会产生本能反应激发、行为预期满足和反思水平3 种不同的认知体验，均会对滑雪成瘾行为产生影响。因此，积极的消费者情感会对滑雪成瘾产生正向的影响作用。

综上，本部分针对消费者情感对滑雪成瘾的影响提出如下假设：

H2a：消费者愉快情感正向影响滑雪成瘾。

H2b：消费者唤醒情感正向影响滑雪成瘾。

5.2.3　高山滑雪体验对滑雪成瘾的影响

高山滑雪体验效果就是对滑雪服务质量评判的最重要标准（王飞，2018），而滑雪成瘾则是对高山滑雪体验的最好效果的体现。滑雪体验是将滑雪运动中的唯美的因素提取出来，用来滋养身心的一种体验，在冬天，高山滑雪运动是能让人们保持健康活力的最佳方式（杨志林和王晶波，2021）。李毅等（2000）认为，滑雪体验是用冰雪文化的内涵来达到游客在物质和精神双重方面的高度满足。裴艳琳（2010）的研究认为，高山滑雪运动是依赖冰天雪地的独特资源，通过设计规划大量与滑雪相关的产品，来刺激滑雪者进行消费，产生强烈的购买意愿，以让滑雪者参与到滑雪体验当中或观看雪景为最终目标；或者以滑雪为主要内容，让滑雪者来感知高山滑雪体验及自然体验的活动。滑雪成瘾是成瘾行为的一种表现形式，学者们认为，并不是所有的成瘾行为都是病态的，而任何刺激个体的因素都可以导致成瘾行为的出现（Cui et al.，2018）。

高山滑雪体验影响滑雪成瘾的机理可以用 S-O-R 理论模型进行解释。该理论于 1974 年由 Mehrabian 和 Russell 提出，其中"S"表示个体受到内部或外界环境的刺激，"O"代表有机体内在情感上的变化，"R"则代表有机体所体现的心理或行为反应。消费者在受到各种内部和外部的环境因素刺激的情况下对机体产生一系列的变化，进而产生了一定的内在驱动和动机，继而会对消费者的行为和消费决策产生影响。成瘾包括药物成瘾、行为成瘾以及与食物有关的成瘾，而滑雪成瘾也是成瘾行为的一种（Egorov, 2013）。毛志雄和张力为（1997）的研究提出，体育锻炼可以降低焦虑和抑郁程度，并且有一定治疗作用；锻炼带来的这些积极效应，使参训者的训练动机不断增强，把训练当成调节情绪的手段。高山滑雪是一项富有挑战性的且对滑雪者身体及心理满足感具有重要作用的运动，在滑雪运动中产生的积极的体验感会通过刺激—机体—反应的机理形成具有良性作用的滑雪成瘾行为。

综上，本部分针对高山滑雪体验对滑雪成瘾的影响提出如下假设：

H3a：高山滑雪沉浸体验正向影响滑雪成瘾。

H3b：高山滑雪速度体验正向影响滑雪成瘾。

H3c：高山滑雪自然体验正向影响滑雪成瘾。

5.2.4　消费者情感在高山滑雪体验和滑雪成瘾关系中的中介作用

现有的研究中，学者们应用认知→情感→行为理论分析关于消费者情感如何对滑雪成瘾产生影响的问题。在对关于认知→情感→行为理论的基本概念解析下，"认知"是前提和基础条件，是个体对某一事物的认识、理解与评价，"情感"指个体对特定事物的直接感觉或者是在某种事物的刺激下的情绪状态，"行为"是指个体对于特定事物的反应倾向，可表现为表达态度时所展现出来的语言与行为。认知→情感→行为理论也被广泛应用于消费行为领域，Liu 等（2017）通过实证分析研究发现，消费者的认知水平会对消费者的情感产生影响，而且消费者情感会进一步对消费者行为产生影响。

高山滑雪体验依托雪地环境能够使滑雪者获得心情愉快等身心放松感，从而成为保持消费者健康活力的最佳方式，使消费者产生一种较为积极正向的认知水平，进一步地影响消费者情感和消费行为（王飞，2018）。高山滑雪体验的 3 个维度，即沉浸体验、速度体验和自然体验均会对消费者情感产生影响：高山滑雪沉浸体验能够让滑雪运动者感受到滑雪环境的轻松愉快感，从而进一步提升了消费者重复消费的意愿和消费者情感；高山滑雪速度体验体现了消费者寻求冒险刺激、改善运动技能等实现自我突破与价值提升的消费需求，正向影响消费者情感；高山滑雪自然体验源于滑雪消费的内在动机，通过滑雪外部环境的营造可以增加消费者情感（柯营营等，2019；杨志林和王晶波，2021）。

根据认知→情感→行为理论的分析框架，高山滑雪的 3 个体验维度使高山滑雪者提升了对高山滑雪运动的认知水平，产生了对高山滑雪运动的追求和热爱，影响了他们的消费者情感，进而形成了滑雪成瘾的表现。而这种高山滑雪成瘾是一种积极正向的成瘾消费行为，正如现有的研究者和大众媒体通常把参与极限运动的爱好者称为"肾上腺素上瘾者"（Salassa and Zapala，2009；Heirene et al.，2016），这表明他们沉迷于极限运动。Glasser（2012）的"积极成瘾"概念被纳入了人类日常行为的背景，在一般情况下，这种行为可能会使个体更强大、更快乐，"积极成瘾"后来成为一个非常常见的流行语，用来形容对运动的强烈热情。高山滑雪者的消费者情感表明对高山滑雪运动的热爱和执着追求，进而会产生较为正面的滑雪成瘾消费行为。因此，高山滑雪体验通过消费者情感影响滑雪成瘾行为。

综上，本部分针对消费者情感在高山滑雪体验与滑雪成瘾关系中的中介作用提出如下假设：

H4a：消费者愉快情感在高山滑雪沉浸体验和滑雪成瘾之间的关系中起中介作用。

H4b：消费者愉快情感在高山滑雪速度体验和滑雪成瘾之间的关系中起中介作用。

H4c：消费者愉快情感在高山滑雪自然体验和滑雪成瘾之间的关系中起中介作用。

H4d：消费者唤醒情感在高山滑雪沉浸体验和滑雪成瘾之间的关系中起中介作用。

H4e：消费者唤醒情感在高山滑雪速度体验和滑雪成瘾之间的关系中起中介作用。

H4f：消费者唤醒情感在高山滑雪自然体验和滑雪成瘾之间的关系中起中介作用。

5.2.5　勇气水平在高山滑雪体验和消费者情感关系中的调节作用

勇气的行动方式选择最能突显消费者对变化程度的把握能力而表现出的行为

方式（程翠萍和黄希庭，2016）。勇气作为一种良好的心理特质，会和其他好的个人品质相关联，表现在人类自身主观行为时，勇气水平越高，主观行为做得越好。在勇气水平与挑战性运动之间关联性的研究中，学者通过实证数据表明了勇气水平与高空跳伞的参与意愿有关，勇气水平越高的人，越是不惧怕高空跳伞的调整程度，也更加容易能够接受这项运动（Mcmillan and Rachman，1988）。同样地，高山滑雪被认为是一项高风险的运动，对学习和教学都有要求，在影响滑雪的各种因素中，性格特征是非常重要的。高山滑雪运动是一项富有挑战性的高端运动，也很容易让滑雪运动者为之而着迷上瘾，勇气水平也是更多滑雪运动者参与这项运动的一个重要的考量因素。

目前的研究考察了恐惧、担忧、自我效率和勇气水平对学习高山滑雪的影响，人格特质中的勇气水平影响滑雪者的体验感，并对心理和情感产生影响。Pury 等（2007）通过研究发现，勇气和自信呈显著正相关，即勇气水平越强，自信越高；研究还表明，在勇气行为发生之前、发生过程中和发生之后，这种相关性都存在。除了勇气水平能够提升自信心之外，勇气水平还具备相当多的可调节因素和非常大的程度区间，所以提高勇气的方式有多种（Mcmillan and Rachman，1987）。

也有相关研究表明，当高山滑雪运动者（特别是滑雪初学者）具有较高的勇气水平时，会减少恐惧、担忧等方面的个人情绪，会更多地将精力和注意力投入滑雪运动的过程当中，从而促进了高山滑雪体验对消费者情感的影响，得到更多的消费满足感和自我效能感，而这种影响会发生在滑雪体验的消费前、消费中和消费后的情感结合过程中（Angel et al.，2023）。与之相反，当高山滑雪运动者本身具有较低的勇气水平时，在滑雪运动中的情感体验就会受到负面影响，从而影响了高山滑雪体验对消费者情感的传递和影响。

综上，本部分针对勇气水平在高山滑雪体验与消费者情感关系中的调节作用提出如下假设：

H5a：勇气水平在高山滑雪沉浸体验和消费者愉快情感之间的关系中起调节作用。

H5b：勇气水平在高山滑雪沉浸体验和消费者唤醒情感之间的关系中起调节作用。

H5c：勇气水平在高山滑雪速度体验和消费者愉快情感之间的关系中起调节作用。

H5d：勇气水平在高山滑雪速度体验和消费者唤醒情感之间的关系中起调节作用。

H5e：勇气水平在高山滑雪自然体验和消费者愉快情感之间的关系中起调节作用。

H5f：勇气水平在高山滑雪自然体验和消费者唤醒情感之间的关系中起调节作用。

5.3　研究设计

本书涉及的构念包括高山滑雪体验、勇气水平、消费者情感和滑雪成瘾。过去的研究表明，问卷调查是收集这些信息的常用方法。因此，本书也将使用问卷调查方法来收集数据，问卷调查方法具有以下优点：可操作性高、数据收集成本低、数据质量好等。本书参考以往研究使用的成熟量表，根据本书的研究目的和需要的样本数据设计包含自变量、因变量、中介变量和调节变量的问卷。在数据回收后，剔除无效的问卷，并使用 SPSS、AMOS 等软件进行信度、效度和假设检验的分析。

5.3.1　量表的选取

本部分将详细阐述本书中涉及的高山滑雪体验、消费者情感、滑雪成瘾和勇气水平 4 个变量所选的测量量表。

（1）高山滑雪体验

在对高山滑雪体验题项设计过程中，本书选择自主开发的方式设计高山滑雪体验测量量表，该量表包含 12 个题项，分为沉浸体验、速度体验和自然体验 3 个维度。具体而言，本书使用李克特 5 点评分法进行测量，用 1~5 的评分表示对提供选项的同意程度，其中"1"表示非常不同意，"5"代表非常同意。从维度层面，1~4 题用于测量沉浸体验，5~8 题用于测量速度体验，9~12 题用于测量自然体验。在第 4 章已验证该量表具有良好的信效度。具体的高山滑雪体验量表见表 5-1。

表5-1　高山滑雪体验的测量题项及参考文献来源

维度名称	编号	测量题项	参考文献
沉浸体验	1	在高山滑雪时，我会完全集中精力	自行开发
	2	我非常享受高山滑雪这项运动	
	3	高山滑雪运动让我非常兴奋	
	4	高山滑雪非常爽	
速度体验	5	对速度的适应让我偶尔处于一种无意识状态	
	6	速度是让我对高山滑雪运动上瘾的一个重要因素	
	7	在高山滑雪运动中，速度是获得超爽体验的前提	
	8	在高山滑雪运动中，加速让我非常兴奋和激动	
自然体验	9	高山滑雪让我体验人与自然的和谐	
	10	高山滑雪让我体会到自己是自然的一部分	
	11	高山滑雪让我体会到，与自然和环境的联系是我精神的一部分	
	12	在高山滑雪过程中，我能感觉到人与自然的沟通	

（2）消费者情感

消费者在购买产品或服务时，会对它们的属性和价值产生情感反应，这种情感反应会使消费者感到兴奋、刺激或活跃。文献中对消费者情感的研究主要包括两个方面：一是针对情感的直接研究，具体分析满足、兴奋等具体的情感状态（Richins，1997）；二是从维度结构上分析消费者情感，主要分为愉快、唤醒和控制三个维度（Mehrabian and Russell，1974）。进一步地，Russell（1980）和Russell等（1989）研究指出，因为消费者的购买和使用行为基本上不受"控制"这一维度的任何影响，环境所带来的刺激反应可以由"愉快""唤醒"两个维度代表（Rose et al.，2012）。因此，本书以"愉快""唤醒"两个维度代表消费者情感。

本书设计了测量高山滑雪情境下消费者情感的量表。该量表参考中西正雄和吴小丁（2011）及石渊顺也（2005）的情感量表，并基于高山滑雪的情境，题项内容和参考文献来源见表5-2。

表 5-2　消费者情感的测量题项及参考文献来源

维度名称	编号	测量题项	参考文献
愉快	1	高山滑雪运动让我感到满意	中西正雄和 吴小丁（2011） 石渊顺也（2005）
	2	高山滑雪运动让我感到愉快	
	3	高山滑雪运动让我感到过瘾	
	4	高山滑雪运动让我感到喜悦	
唤醒	5	高山滑雪运动让我感到兴奋	
	6	高山滑雪运动让我感到情绪高涨	
	7	高山滑雪运动让我非常期待	
	8	高山滑雪运动让我玩不够	

（3）滑雪成瘾

关于运动成瘾的量表主要包括 Exercise Dependence Scale-21（EDS-21）和 Exercise Addition Inventory（EAI）两种，EDS-2 由 Hausenblas 和 Downs 开发，包括 7 个维度 21 个题项，旨在确定运动员的运动依赖。朱林和张峰（2022）通过实地访谈、EAI 问卷调查分析数据，对跑步成瘾行为的形成过程进行了分析，研究表明，运动体验对跑步成瘾具有重要影响。EAI 是 Terry 等（2004）从行为成瘾的理论模型发展起来的，包括 6 个题项。EAI 在不同国家和不同休闲时间的运动样本中显示了良好的心理测量特性。本书的研究对象是大众高山滑雪者，EAI 更适合本书的需要，题项内容和参考文献来源见表 5-3。

表 5-3　滑雪成瘾的测量题项及参考文献来源

维度名称	编号	测量题项	参考文献
滑雪成瘾	1	在冬季，高山滑雪运动是我生活中最重要的事情	Terry et al. （2004）
	2	我经常因为锻炼和家人或朋友产生不同意见	
	3	我用高山滑雪运动来改变我的情绪（如感觉更快乐或忘记烦恼）	
	4	在过去的一年里，我增加了每天的高山滑雪运动时间	
	5	如果我不能按时进行高山滑雪运动，我就会坐立不安，心烦意乱或悲伤	
	6	我曾试图减少高山滑雪运动时间，但最终还是和以前一样多	

（4）勇气水平

勇气被定义为在有恐惧的情况下坚持参与并坚持一项可怕的活动。勇气水平量表从"勇气是面对恐惧的坚持"的定义出发，通过定性访谈和样本测试筛选出 11 个当个体面临恐惧或危险情景时与勇气观念和行为有关条目。此量表为英文版本，经翻译后结合高山滑雪情境编写勇气水平量表。题项内容和参考文献来源见表5-4。

表 5-4　勇气水平的测量题项及参考文献来源

维度名称	编号	测量题项	参考文献
勇气水平	1	我倾向于面对恐惧	Norton et al.（2009）
	2	我总是规避那些令我担心的事情	
	3	即使我很害怕，但我仍然要做完我该做的事情	
	4	如果有事情吓到了我，我努力避开它	
	5	其他人把我描述成一个勇敢的人	
	6	我愿意做那些危险的事情	
	7	我以勇敢的方式做事情	
	8	如果我担心或畏惧某些事情，我总是去面对	
	9	如果有重要的理由需要我去面对恐惧的事情，我会去面对	
	10	即使有事情使我害怕，我也不会退缩	
	11	即使躲避会对我不利，我也不会去面对让我害怕的事情	

5.3.2　问卷设计与样本选择

根据研究目的和使用的模型确定了各变量的测量方法，设计了用于收集数据的调查问卷（见附录3）。该问卷由两个部分构成：第一部分设计目的在于收集高山滑雪者的个人信息，诸如性别、年龄、职业、受教育程度、可支配收入、参与高山滑雪运动的频率、出行方式等；第二部分设计目的在于收集高山滑雪者的滑雪体验、消费者情感和滑雪成瘾等资料。

为了更好地检验提出的假设，本书选择黑龙江亚布力阳光滑雪场的高山滑雪爱好者作为目标样本群体。黑龙江亚布力阳光滑雪场是我国大众滑雪的发源地，也是我国开展高山滑雪运动的典型地区，历史悠久，聚集了大量的高山滑雪爱好者，具有一定的代表性。因此，本书选择黑龙江亚布力阳光滑雪场的高山滑雪爱好者作为研究对象，面对面发放和回收问卷。

5.4　数据收集与分析

本次数据收集过程共发出 320 份调查问卷，其中有效问卷数量为 305 份，问卷有效率为 95.31%。本部分使用结构方程模型分析变量之间的关系，因此需要保证用于相应分析的样本数量适量。一些学者认为结构方程模型的最小样本量 N 在 100~150 最为适宜，但也有人认为需要更大的样本量，如样本量为 200。根据以往的模拟研究，对于正态分布的指标变量且没有缺失数据的情况，简单 CFA 模型的合理样本大小约为 N=150。根据 Hau 和 Marsh（2004）的研究，一阶潜变量个数应与样本量个数至少为 1∶20。研究模型涉及的变量共有 7 个，实际有效样本为 305 个，符合上述学者对样本数量的判断标准。因此，本书的样本量可以用于开展结构方程模型分析。

5.4.1　描述性统计分析

为了保障收集到的问卷数据的真实性（防止被调查者胡乱填写对结果造成影响），本书在设计问卷时设置了一对完全相反的问题作为测谎机制。通过对收集到的 305 个有效样本的人口统计变量特征进行分析，本书发现样本在性别、年龄、受教育程度、职业、收入等几个方面具有以下特点，具体数据见表 5-5。具体而言，本书所选调研对象中女性占比 35.4%，男性占比 64.6%，样本性别比例基本均衡，这有助于避免性别因素对研究结果的干扰。在年龄方面，25 周岁及以下的占 8.5%，26~35 周岁的占 46.2%，36~45 周岁的占 21%等。在受教育程度方面，高中及以下学历的占 18%，大专学历的占 28.5%，本科学历的占 44.9%，研究生学历的占 8.5%。在职业方面，全日制学生占 14%，企业职员占 32.8%，管理人员占 15.7%。以上数据提供了关于样本人口统计变量特征的详细信息，有助于了解样本的结构和特点。

表 5-5 样本基本信息统计

题项	变量	频次	占比（%）
性别	男	197	64.6
	女	108	35.4
年龄	25 岁及以下	26	8.5
	26~35 岁	141	46.2
	36~45 岁	64	21.0
	46~55 岁	35	11.5
	56~65 岁	34	11.1
	65 岁以上	5	1.6
职业	全日制学生	14	4.6
	企业职员	100	32.8
	管理人员	48	15.7
	教师	19	6.2
	顾问/咨询	6	2.0
	专业人士	103	33.8
	其他	15	4.9
教育程度	高中及以下	55	18.0
	大专	87	28.5
	本科	137	44.9
	研究生	26	8.5
月可支配收入	3000 元及以下	35	11.5
	3001~5000 元	23	7.5
	50001~10000 元	202	66.2
	10000 元以上	45	14.8
每年参加冬季户外高山滑雪频率	1~3 次	90	29.5
	4~6 次	49	16.1
	7~9 次	24	7.9
	10 次及以上	142	46.6
出行方式	旅行团	29	9.5
	自驾游	276	90.5
每年滑雪消费的金额	3000 元及以下	126	41.3
	3001~5000 元	71	23.3
	5001~10000 元	50	16.4
	10000 元以上	58	19.0

5.4.2　信度和效度分析

在使用结构方程方法进行分析前，需要保证使用的问卷具有良好的信度和效度水平，以确保后续分析的可信度。因此，本书首先进行了信度和效度分析。信度分析旨在评估测量工具的内部一致性和稳定性，而效度分析则旨在评估测量工具的有效性和准确性。

（1）描述性分析

本部分使用 SPSS 22.0 分析软件对收集到的 305 份有效问卷的数据进行描述性分析，各测量题项的统计特征见表 5-6。结果显示，各测量题项的均值在 3.0~5.0，标准差在 1.0 上下浮动，没有明显偏离常规数值的异常值，也没有发现系统性的收集误差。这表明数据的质量较好，适合进行进一步的统计分析。

表 5-6　测量题项的统计特征

构念	题项	均值	标准差
沉浸体验	在开展高山滑雪运动时，我会完全集中精力	3.600	1.050
	我非常享受高山滑雪这项运动	3.580	1.010
	高山滑雪运动让我非常兴奋	3.600	1.066
	高山滑雪非常爽	3.610	1.014
速度体验	对速度的适应让我偶尔处于一种无意识状态	3.700	1.010
	速度是让我对高山滑雪运动上瘾的一个重要因素	3.600	1.008
	在高山滑雪运动中，速度是获得超爽体验的前提	3.680	1.024
	在高山滑雪运动中，加速让我非常兴奋和激动	3.710	1.013
自然体验	高山滑雪让我体验到人与自然的和谐	3.580	1.011
	高山滑雪让我体会到自己是自然的一部分	3.530	0.977
	高山滑雪让我体会到，与自然和环境的联系是我精神的一部分	3.470	0.973
	在高山滑雪过程中，我能感觉到人与自然的沟通	3.640	0.987
愉快	高山滑雪运动让我感到满意	3.480	1.100
	高山滑雪运动让我感到愉快	3.380	1.051
	高山滑雪运动让我感到过瘾	3.500	1.055
	高山滑雪运动让我感到喜悦	3.450	1.078

续表

构念	题项	均值	标准差
唤醒	高山滑雪运动让我感到兴奋	3.440	1.221
	高山滑雪运动让我感到情绪高涨	3.450	1.175
	高山滑雪运动让我期待到心跳	3.350	1.169
	高山滑雪运动让我玩不够	3.530	1.150
勇气水平	我倾向于面对害怕	3.880	0.986
	我总是规避那些令我担心的事情	3.930	0.949
	即使我很害怕，但我仍然要做完我该做的事情	4.000	0.963
	如果有事情吓到了我，我努力避开它	3.920	0.948
	其他人把我描述成一个勇敢的人	3.930	0.880
	我愿意做危险的事情	3.890	0.927
	我以勇敢的方式做事情	3.930	0.871
	即使我担心或畏惧某些事情，我总是去面对	3.900	0.941
	如果有重要的理由需要我去面对恐惧的事情，我会去面对	3.910	0.938
	即使有事情使我害怕，我也不会退缩	4.020	0.958
	即使躲避会对我不利，我也不会去面对让我害怕的事情	3.960	0.904
滑雪成瘾	在冬季，高山滑雪运动是我生活中最重要的事情	4.010	1.079
	我经常因为锻炼和家人或朋友产生不同意见	3.610	1.014
	我用高山滑雪运动来改变我的情绪（如感觉更快乐或忘记烦恼）	3.730	0.914
	在过去的一年里，我增加了每天高山滑雪运动的时间	3.840	1.042
	如果我不能按时进行高山滑雪运动，我就会坐立不安、心烦意乱或悲伤	3.660	1.020
	我曾试图减少高山滑雪运动时间，但最终还是和以前一样多	3.750	0.986

（2）信度分析

信度是指问卷测量结果的一致性和稳定性，它可以通过信度分析（Reliability Analysis）来保证问卷结果的准确性、一致性和可靠性，从而减少可能出现的随机误差的影响。克隆巴赫系数（Cronbach' α）是一种常用的信度分析方法，由 Cronbach 在 1951 年提出，它评价了问卷的内部一致性，其取值范围在 0~1。一个接近 1 的克隆巴赫系数表明问卷信度很高、内部有着高度一致性，反之则表明信度较低，尤其当克隆巴赫系数小于 0.35 时，表明此时的问卷信度已经极低了。一般来说，问卷的克隆巴赫系数最好在 0.70 以上，甚至达到 0.80 以上，如果低于这个标准，就需要对问卷进行修改和重新设计，以提高信度。

信度分析的结果见表 5-7。可以看出，七个构念题项的 Cronbach's α 指数均大于 0.8，显示出了较好的问卷整体信度。

表 5-7　各构念的 Cronbach'α

构念	沉浸体验	速度体验	自然体验	愉快	唤醒	滑雪成瘾	勇气水平
Cronbach'α	0.876	0.899	0.837	0.814	0.841	0.868	0.921

（3）效度分析

效度是问卷研究中一个非常重要的概念，它反映了问卷所测量的目标构念是否准确、可靠、有用。一般来说，效度可以分为内容效度和结构效度两个方面。

内容效度是问卷测量目标构念的重要方面，涉及问卷所测量的内容是否能够全面、准确地覆盖目标构念。在本书中，消费者情感与运动成瘾的题项使用了经典问卷，经典问卷中的题项经过了长期反复的检验，因此其内容效度可以得到保证。而对于高山滑雪体验这一构念，由于没有现成的量表可用，因此笔者使用了根据扎根理论方法分析出的 3 个维度来构建量表，并在第 4 章对其进行了验证。扎根理论方法是一种自下向上逐层归纳的方法，因此使用这些维度来开发量表是符合量表开发规范的，可以认为本书所使用的高山滑雪体验量表题项的内容效度可以得到保证。

问卷的结构效度指的是数据与预设的理论结构之间的拟合程度。这个效度一般由聚合效度和判别效度两个方面来衡量，聚合效度指同一个构念下的多个题项应该彼此聚合，判别效度指不同构念之间应该能够区分。探索性因子分析和验证性因子分析是分析聚合效度和判别效度的常见方法。聚合效度可以通过各题项的因子载荷、组合信度（CR）和平均方差抽取量（AVE）来反映。当一个构念各题项的因子载荷大于 0.7 时，说明该构念的聚合效度较好，因子载荷最小的可接受标准为 0.5。组合信度（CR）的标准为大于 0.7 为良好，平均方差抽取量（AVE）的标准为大于 0.5 为良好。判别效度的计算方法一般为下对角矩阵判别法，即对研究中所涉及的各构念计算简单相关，然后将对角线上的值替换成研究中所涉及各构念平均方差抽取量（AVE）的平方根。如果对角线上的值大于对角线下矩阵中的值，说明每个构念被自身题项解释的比例大于被其他构念解释的比例，所使用的工具具有良好的判别效度。

验证性因子分析中的拟合度指标是衡量问卷结构效度的辅助指标之一。在验证性因子分析中，设定测量模型后，如果拟合度指标良好，则说明数据结构与预设的理论结构较为拟合，从而可辅助判断问卷的结构效度良好。拟合度指标包括 χ^2/df、RMSEA、AGFI、RFI 和 IFI 等值，其中 χ^2/df 不高于 5、RMSEA 值不高于 0.08，以及 AGFI、RFI、IFI 等值不低于 0.9 为较为良好的标准。

通过验证性因子分析检验测量模型（见表 5-8），模型拟合度良好（$\chi^2/df=$ 1.171，CFI = 0.983，IFI = 0.983，RMSEA = 0.024）。

表 5-8　整体模型拟合结果

拟合指标	拟合标准	统计结果
规范卡方（χ^2/df）	<5.000	1.171
相对拟合指数（CFI）	>0.900	0.983
近似误差均方根（RMSEA）	<0.08	0.024
增量拟合指数（IFI）	>0.900	0.983

每个题项的标准化因子载荷均大于 0.5，AVE 均大于 0.5，CR 均大于 0.8，说明各构念的聚合效度符合标准（见表 5-9）。

表 5-9　测量题项的统计特征

构念	题项	标准化因子载荷	CR	AVE
沉浸体验	在进行高山滑雪运动时，我会完全集中精力	0.852	0.879	0.646
	我非常享受高山滑雪这项运动	0.732		
	高山滑雪运动让我非常兴奋	0.743		
	高山滑雪非常爽	0.878		
速度体验	对速度的适应让我偶尔处于一种无意识状态	0.855	0.901	0.695
	速度是让我对高山滑雪运动上瘾的一个重要因素	0.800		
	在高山滑雪运动中，速度是获得超爽体验的前提	0.751		
	在高山滑雪运动中，加速让我非常兴奋和激动	0.920		
自然体验	高山滑雪让我体验人与自然的和谐	0.772	0.840	0.571
	高山滑雪让我体会到自己是自然的一部分	0.740		
	高山滑雪让我体会到，与自然和环境的联系是我精神的一部分	0.649		
	在高山滑雪过程中，我能感觉到人与自然的沟通	0.847		

续表

构念	题项	标准化因子载荷	CR	AVE
愉快	高山滑雪运动让我感到满意	0.746	0.815	0.525
	高山滑雪运动让我感到愉快	0.651		
	高山滑雪运动让我感到过瘾	0.708		
	高山滑雪运动让我感到喜悦	0.787		
唤醒	高山滑雪运动让我感到兴奋	0.795	0.842	0.571
	高山滑雪运动让我感到情绪高涨	0.732		
	高山滑雪运动让我期待到心跳	0.742		
	高山滑雪运动让我玩不够	0.751		
勇气水平	我倾向于面对害怕	0.755	0.921	0.516
	我总是规避那些令我担心的事情	0.704		
	即使我很害怕，但我仍然要做完我该做的事情	0.695		
	如果有事情吓到了我，我会努力避开它	0.697		
	其他人把我描述成一个勇敢的人	0.694		
	我愿意做危险的事情	0.726		
	我以勇敢的方式做事情	0.634		
	即使我担心或畏惧某些事情，我总是去面对	0.699		
	如果有重要的理由需要我去面对恐惧的事情，我会去面对	0.709		
	即使有事情使我害怕，我也不会退缩	0.785		
	即使躲避会对我不利，我也不会去面对让我害怕的事情	0.787		
滑雪成瘾	在冬季，高山滑雪运动是我生活中最重要的事情	0.790	0.868	0.524
	我经常因为锻炼和家人或朋友产生不同意见	0.707		
	我用高山滑雪运动来改变我的情绪（如感觉更快乐或忘记烦恼）	0.664		
滑雪成瘾	在过去的一年里，我增加了每天的高山滑雪运动时间	0.754	0.868	0.524
	如果我不能按时进行高山滑雪运动，我就会坐立不安，心烦意乱或悲伤	0.700		
	我曾试图减少高山滑雪运动时间，但最终还是和以前一样多	0.721		

表 5-10 中，构成量表的 7 个因子的 AVE 值的平方根均高于该因子与其他因子间的相关系数，说明该量表具有良好的判别效度。

表 5-10　判别效度分析结果

	1	2	3	4	5	6	7
沉浸体验	**0.804**						
速度体验	0.641	**0.834**					
自然体验	0.485	0.554	**0.756**				
愉快	0.545	0.510	0.428	**0.725**			
唤醒	0.521	0.537	0.484	0.531	**0.756**		
滑雪成瘾	0.620	0.621	0.582	0.544	0.551	**0.724**	
勇气水平	0.217	0.298	0.284	0.240	0.331	0.347	**0.718**

注：对角线处为 AVE 的平方根值，对角线以下为变量间的相关性系数。

5.4.3　同源偏差控制与检验

同源偏差，也称为共同方法偏差（CMB），是指由于数据来源相同、项目评估者相同、测试环境相同、项目语境或属性相同等原因，导致预测变量与效标变量之间存在人为的共变性。

本书采用 Harman 单因素检验方法，这是统计研究中常用的方法。首先，使用 SPSS 统计分析软件对问卷中所有题项进行探索性因子分析，按照抽取特征值大于 1 及选取"未旋转的因子解"等标准。其次，采用最大方差法进行旋转。若只抽取出一个因子或者所抽取的多个因子中首个因子的方差解释率特别大，就表明存在较强的共同方法偏差问题。一般以单个因子方差解释率的 40% 作为临界值，但最近的研究也有使用 50% 的临界标准。本书是小样本数据的预测试，样本量有限，因此将首个因子方差解释率的 50% 作为是否存在共同方法偏差问题的临界标准。

根据表 5-11，探索性因子分析得出了 7 个因子，其中第一个因子的最大方差解释百分比为 33.764%。可以看出，本书的数据既不存在单个因子的情况，也没有出现首个因子的方差解释率超过临界值 50% 的情况。因此，可以认为本书的数据中共同方法偏差问题不严重。

表 5-11 同源偏差分析结果

序号	初始特征值			提取平方和载入		
	合计	解释方差百分比	累积方差百分比	合计	解释方差百分比	累积方差百分比
1	12.493	33.764	33.764	12.493	33.764	33.764
2	4.789	12.942	46.706	4.789	12.942	46.706
3	1.681	4.542	51.248	1.681	4.542	51.248
4	1.474	3.985	55.233	1.474	3.985	55.233
5	1.359	3.674	58.907	1.359	3.674	58.907
6	1.245	3.365	62.272	1.245	3.365	62.272
7	1.08	2.92	65.193	1.08	2.92	65.193
……	……	……	……			
37	0.131	0.354	100			

5.5 假设检验

根据数据质量检验和分析结果，表明各变量的测量方式可靠有效，样本数据适合采用结构方程模型分析。因此，本书采用结构方程模型对高山滑雪体验与滑雪成瘾的关系进行验证分析。本书所提出的假设涉及直接效应，即高山滑雪体验对滑雪成瘾的直接作用、高山滑雪体验对消费者情感的直接作用和消费者情感对滑雪成瘾的直接作用；中介效应，即消费者情感在高山滑雪体验与消费者情感之间的中介作用；调节效应，即勇气水平对高山滑雪体验与消费者情感的调节作用。为了验证本书提出的假设，在假设检验部分将逐步使用回归方法和 Bootstrap 等方法对以上假设和模型进行验证。

5.5.1 变量相关性检验

研究假设包括直接效应、中介效应和调节效应。本书将使用回归方法和 Bootstrap 等方法验证这些假设和模型。在模型适配度良好的情况下，本书将使用路径显著性检验这些假设。相关分析和回归分析是常用的分析变量之间关系的方法。

相关分析是用于描述各变量之间简单关系的方法，通常使用 Pearson 相关系数作为最常见的相关指标，以初步判断变量间相关性是否符合理论预期。本书中，所有变量均为等距变量，因此使用 Pearson 相关系数进行分析。使用 SPSS 22.0 进行数据分析，结果显示 7 个潜在变量之间的相关系数 P 值均小于 0.05，具有显著的统计学意义，表明这些变量之间存在显著的相关性，这与研究理论预期一致（见表 5-12）。这为本书后续的假设检验提供了初步证据。基于方差分析和变量相关性分析的结果，下一步将对研究模型中各个研究假设进行检验。

表 5-12　变量间的相关系数

	1	2	3	4	5	6	7
沉浸体验	1						
速度体验	0.641**	1					
自然体验	0.485**	0.554**	1				
愉快	0.545**	0.510**	0.428**	1			
唤醒	0.521**	0.537**	0.484**	0.531**	1		
滑雪成瘾	0.620**	0.621**	0.582**	0.544**	0.551**	1	
勇气水平	0.217**	0.298**	0.284**	0.240**	0.331**	0.347**	1

注：星号代表显著性水平，＊表示 p<0.05，＊＊表示 p<0.01（双尾），下同。

5.5.2　模型拟合指数验证

结构方程模型（SEM）是一种用于多变量分析的重要工具，它基于特征变量的协方差矩阵来分析特征与特征之间的关系。本书使用 AMOS 24.0 构建了一个假设的 SEM 主路径图，通过标注路径系数，对假设模型进行了分析和验证。该模型共包括 7 个潜变量，其中主路径包含沉浸体验、速度体验、自然体验、愉快、唤醒和滑雪成瘾 6 个潜变量，见图 5-2。

从绝对适配统计量的角度来看，χ^2/df 值为 1.258，小于 3；RMSEA 为 0.029，小于标准水平 0.08，说明适配较好。GFI = 0.920、AGFI = 0.901、NFI = 0.923、IFI = 0.983、CFI = 0.983、TLI = 0.981，所有拟合优度指标达到通用标准，说明本书所建立的结构方程模型有效且与回收数据的匹配程度较好（见表 5-13）。

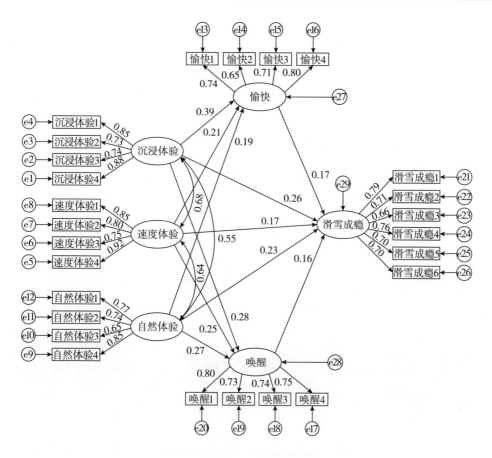

图 5-2　结构方程模型主路径

表 5-13　结构方程拟合度检验结果统计

拟合指数	判断标准	实际值
卡方自由度比（χ^2/df）	<5 可接受；<3 理想	1.258
拟合优度指数（GFI）	>0.8 可接受；>0.9 理想	0.920
调整的拟合优度指数（AGFI）	>0.8 可接受；>0.9 理想	0.901
规范拟合指数（NFI）	>0.8 可接受；>0.9 理想	0.923
修正拟合指数（IFI）	>0.9	0.983
比较拟合指数（CFI）	>0.9	0.983
非范拟合指数（NNFI）	>0.9	0.981
近似误差均方根指数（RMSEA）	<0.08	0.029

5.5.3 直接效应检验

运用 Amos 24.0 软件对模型进行假设检验，模型运行结果拟合汇总见表 5-14。

表 5-14 主效应路径分析结果

路径	标准化因子载荷	t 值	p 值
沉浸体验→愉快	0.392	4.686	***
速度体验→愉快	0.206	2.316	0.021
自然体验→愉快	0.190	2.429	0.015
沉浸体验→唤醒	0.282	3.517	***
速度体验→唤醒	0.248	2.837	0.005
自然体验→唤醒	0.270	3.488	***
愉快→滑雪成瘾	0.167	2.388	0.017
唤醒→滑雪成瘾	0.159	2.313	0.021
沉浸体验→滑雪成瘾	0.260	3.39	***
速度体验→滑雪成瘾	0.168	2.219	0.027
自然体验→滑雪成瘾	0.235	3.376	***

由表 5-14 的路径分析结果可知：

沉浸体验对愉快的标准化路径系数为 0.392，t 值为 4.686，p 值为 0.000 < 0.001，表明沉浸体验对愉快具有显著正向影响，故假设成立。

速度体验对愉快的标准化路径系数为 0.206，t 值为 2.316，p 值为 0.021 < 0.05，说明速度体验对愉快具有显著正向影响，故假设成立。

自然体验对愉快的标准化路径系数为 0.190，t 值为 2.429，p 值为 0.015 < 0.05，说明自然体验对愉快具有显著正向影响，故假设成立。

沉浸体验对唤醒的标准化路径系数为 0.282，t 值为 3.517，p 值为 0.000 < 0.001，说明沉浸体验对唤醒具有显著正向影响，故假设成立。

速度体验对唤醒的标准化路径系数为 0.248，t 值为 2.837，p 值为 0.005 < 0.01，说明速度体验对唤醒具有显著正向影响，故假设成立。

自然体验对唤醒的标准化路径系数为 0.270，t 值为 3.488，p 值为 0.000<0.001，说明自然体验对唤醒具有显著正向影响，故假设成立。

愉快对滑雪成瘾的标准化路径系数为 0.167，t 值为 2.388，p 值为 0.017<0.05，说明愉快对滑雪上瘾具有显著正向影响，故假设成立。

唤醒对滑雪成瘾的标准化路径系数为 0.159，t 值为 2.313，p 值为 0.021<0.05，说明唤醒对滑雪上瘾具有显著正向影响，故假设成立。

沉浸体验对滑雪成瘾的标准化路径系数为 0.260，t 值为 3.39，p 值为 0.000<0.001，说明沉浸对上瘾具有显著正向影响，故假设成立。

速度体验对滑雪成瘾的标准化路径系数为 0.168，t 值为 2.219，p 值为 0.027<0.05，说明速度体验对滑雪上瘾具有显著正向影响，故假设成立。

自然体验对滑雪成瘾的标准化路径系数为 0.235，t 值为 3.376，p 值为 0.000<0.001，说明自然体验对滑雪上瘾具有显著正向影响，故假设成立。

5.5.4　中介效应检验

本书提出了消费者愉快和消费者唤醒两个中介变量，同时提出了勇气水平的调节作用。因此，使用中介效应分析和调节效应分析作为重要的数据分析方法。传统的中介效应分析方法采用逐步回归法，但 Preacher 和 Hayes（2008）以及 Hayes（2013）提出的 Bootstrap 方法在管理学的研究中被广泛应用。该方法不仅摆脱了传统样本正态分布的假设条件，还可以更精确地计算样本均值的分布和显著性区间，同时可以直接检验有调节的中介效应模型等复杂模型。因此，在本书的统计分析中，将使用 Bootstrap 分析方法对提出的假设和模型进行验证。

（1）愉快情感在沉浸体验对滑雪成瘾影响中的中介作用

本部分使用 Hayes（2013）开发的插件中的 Model4，进行 5000 次有放回随机抽样的 Bootstrap 分析，以沉浸体验为自变量 X，以滑雪成瘾为因变量 Y，以愉快情感为中介变量 M，计算间接效应和直接效应的 95% 置信区间的上限值和下限值（见表 5-15）。结果显示：间接效应的区间值为 0.011~0.161，不包含 0，说明沉浸体验通过愉快情感对滑雪成瘾影响的中介效应显著。直接效应的区间值为 0.116~0.422，不包含 0，说明沉浸体验对滑雪成瘾的直接效应显著。因此，可以得出结论：愉快情感在沉浸体验对滑雪成瘾的影响中起部分中介作用，支持假设 H4a。

表 5-15　愉快情感在沉浸体验与滑雪成瘾之间中介效应的 **Bootstrap** 分析

路径	Effect	BootSE	BootLLCI	BootULCI
间接效应（沉浸体验→愉快情感→滑雪成瘾）	0.065	0.037	0.011	0.161
直接效应（沉浸体验→滑雪成瘾）	0.260	0.077	0.116	0.422

（2）唤醒情感在沉浸体验对滑雪成瘾影响中的中介作用

本部分使用 Hayes（2013）开发的插件中的 Model4，进行 5000 次有放回随机抽样的 Bootstrap 分析，以沉浸体验为自变量 X，以滑雪成瘾为因变量 Y，以唤醒情感为中介变量 M，计算间接效应和直接效应的 95% 置信区间的上限值和下限值（见表 5-16）。结果显示：间接效应的区间值为 0.008~0.111，不包含 0，说明沉浸体验通过唤醒情感对滑雪成瘾影响的中介效应显著。直接效应的区间值为 0.116~0.422，不包含 0，说明沉浸体验对滑雪成瘾的直接效应显著。因此，可以得出结论：唤醒情感在沉浸体验对滑雪成瘾的影响中起部分中介作用，支持假设 H4d。

表 5-16　唤醒情感在沉浸体验与滑雪成瘾之间中介效应的 **Bootstrap** 分析

路径	Effect	BootSE	BootLLCI	BootULCI
间接效应（沉浸体验→唤醒情感→滑雪成瘾）	0.045	0.026	0.008	0.111
直接效应（沉浸体验→滑雪成瘾）	0.260	0.077	0.116	0.422

（3）愉快情感在速度体验对滑雪成瘾影响中的中介作用

本部分使用 Hayes（2013）开发的插件中的 Model4，进行 5000 次有放回随机抽样的 Bootstrap 分析，以速度体验为自变量 X，以滑雪成瘾为因变量 Y，以愉快情感为中介变量 M，计算间接效应和直接效应的 95% 置信区间的上限值和下限值（见表 5-17）。结果显示：间接效应的区间值为 0.001~0.097，不包含 0，说明速度体验通过愉快情感对滑雪成瘾影响的中介效应显著。直接效应的区间值为 0.011~0.326，不包含 0，说明速度体验对滑雪成瘾的直接效应显著。因此，可以得出结论：愉快情感在速度体验对滑雪成瘾的影响中起部分中介作用，支持假设 H4b。

表 5-17　愉快情感在速度体验与滑雪成瘾之间中介效应的 **Bootstrap** 分析

路径	Effect	BootSE	BootLLCI	BootULCI
间接效应（速度体验→愉快情感→滑雪成瘾）	0.034	0.024	0.001	0.097
直接效应（速度体验→滑雪成瘾）	0.168	0.082	0.011	0.326

（4）唤醒情感在速度体验对滑雪成瘾影响中的中介作用

本部分使用 Hayes（2013）开发的插件中的 Model4，进行 5000 次有放回随机抽样的 Bootstrap 分析，以速度体验为自变量 X，以滑雪成瘾为因变量 Y，以唤醒情感为中介变量 M，计算间接效应和直接效应的 95% 置信区间的上限值和下限值（见表 5-18）。结果显示：间接效应的区间值为 0.0904~0.100，不包含 0，说明速度体验通过唤醒情感对滑雪成瘾影响的中介效应显著。直接效应的区间值为 0.011~0.326，不包含 0，说明速度体验对滑雪成瘾的直接效应显著。因此，可以得出结论：唤醒情感在速度体验对滑雪成瘾的影响中起部分中介作用，支持假设 H4e。

表 5-18　唤醒情感在速度体验与滑雪成瘾之间中介效应的 **Bootstrap** 分析

路径	Effect	BootSE	BootLLCI	BootULCI
间接效应（速度体验→唤醒情感→滑雪成瘾）	0.039	0.024	0.004	0.100
直接效应（速度体验→滑雪成瘾）	0.168	0.082	0.011	0.326

（5）愉快情感在自然体验对滑雪成瘾影响中的中介作用

本部分使用 Hayes（2013）开发的插件中的 Model4，进行 5000 次有放回随机抽样的 Bootstrap 分析，以自然体验为自变量 X，以滑雪成瘾为因变量 Y，以愉快情感为中介变量 M，计算间接效应和直接效应的 95% 置信区间的上限值和下限值（见表 5-19）。结果显示：间接效应的区间值为 0.002~0.087，不包含 0，说明自然体验通过愉快情感对滑雪成瘾影响的中介效应显著。直接效应的区间值为 0.072~0.381，不包含 0，说明自然体验对滑雪成瘾的直接效应显著。因此，可以得出结论：愉快情感在自然体验对滑雪成瘾的影响中起部分中介作用，支持假设 H4c。

表 5-19　愉快情感在自然体验与滑雪成瘾之间中介效应的 **Bootstrap** 分析

路径	Effect	BootSE	BootLLCI	BootULCI
间接效应（自然体验→愉快情感→滑雪成瘾）	0.032	0.021	0.002	0.087
直接效应（自然体验→滑雪成瘾）	0.235	0.077	0.072	0.381

（6）唤醒情感在自然体验对滑雪成瘾影响中的中介作用

本部分使用 Hayes（2013）开发的插件中的 Model4，进行 5000 次有放回随机抽样的 Bootstrap 分析，以自然体验为自变量 X，以滑雪成瘾为因变量 Y，以唤醒情感为中介变量 M，计算间接效应和直接效应的 95% 置信区间的上限值和下限值（见表 5-20）。结果显示：间接效应的区间值为 0.008～0.103，不包含 0，说明自然体验通过唤醒情感对滑雪成瘾影响的中介效应显著。直接效应的区间值为 0.072～0.381，不包含 0，说明自然体验对滑雪成瘾的直接效应显著。因此，可以得出结论：唤醒情感在自然体验对滑雪成瘾的影响中起部分中介作用，支持假设 H4f。

表 5-20　唤醒情感在自然体验与滑雪成瘾之间中介效应的 **Bootstrap** 分析

路径	Effect	BootSE	BootLLCI	BootULCI
间接效应（自然体验→唤醒情感→滑雪成瘾）	0.043	0.023	0.008	0.103
直接效应（自然体验→滑雪成瘾）	0.235	0.077	0.072	0.381

5.5.5　调节作用检验

变量间的调节作用研究已经越来越受到关注。调节作用的概念是指新加入的第三个变量如何影响原有的两个变量之间的关系，通常需要对影响方向进行预测。调节作用包括两个自变量和一个调节变量，这些变量在分析之前已被明确，不能互换。

本部分为了检验勇气水平在沉浸体验、速度体验、自然体验与唤醒、愉快之间是否存在显著的调节作用，采用 SPSS 22.0 软件中的插件 Process 3.3 工具中的 Model 1 进行调节效应检验；以沉浸体验、速度体验、自然体验为自变量，勇气水平为调节变量，愉快和唤醒为因变量，当自变量与调节变量的交互项对因变量产生显著影响时（$p < 0.05$，95% 置信区间不包含 0），说明调节变量在自变量和

因变量之间发挥了显著的调节作用，若回归系数为正则为正向调节，若回归系数为负则为负向调节。具体结果见表 5-21。

表 5-21　勇气水平调节作用分析结果

沉浸体验→愉快						
	coeff	se	t	p	LLCI	ULCI
沉浸体验	0.507	0.047	10.731	0	0.414	0.6
勇气水平	0.18	0.061	2.955	0.003	0.06	0.3
交互项	0.136	0.066	2.072	0.039	0.007	0.266

速度体验→愉快						
	coeff	se	t	p	LLCI	ULCI
速度体验	0.482	0.049	9.846	0	0.385	0.578
勇气水平	0.168	0.063	2.659	0.008	0.044	0.298
交互项	0.262	0.067	3.887	0	0.129	0.394

自然体验→愉快						
	coeff	se	t	p	LLCI	ULCI
自然体验	0.431	0.055	7.847	0	0.323	0.539
勇气水平	0.19	0.064	2.977	0.003	0.064	0.316
交互项	0.355	0.07	5.086	0	0.217	0.492

沉浸体验→唤醒						
	coeff	se	t	p	LLCI	ULCI
沉浸体验	0.523	0.053	9.863	0	0.418	0.627
勇气水平	0.347	0.068	5.081	0	0.212	0.481
交互项	0.171	0.074	2.312	0.021	0.025	0.316

速度体验→唤醒						
	coeff	se	t	p	LLCI	ULCI
速度体验	0.544	0.053	10.25	0	0.44	0.649
勇气水平	0.318	0.069	4.626	0	0.183	0.454
交互项	0.301	0.073	4.124	0	0.158	0.445

自然体验→唤醒						
	coeff	se	t	p	LLCI	ULCI
自然体验	0.523	0.06	8.785	0	0.406	0.64
勇气水平	0.323	0.069	4.66	0	0.187	0.459
交互项	0.337	0.076	4.459	0	0.188	0.486

由表 5-21 可知，勇气水平在沉浸体验→愉快路径中的调节效应显著，且为正向调节（［0.007，0.266］，p<0.05），勇气水平在沉浸体验→唤醒路径中的调节效应显著，且为正向调节（［0.025，0.316］，p<0.05）；勇气水平在速度体验→愉快路径中的调节效应显著，且为正向调节（［0.1293，0.394］，p<0.05），勇气水平在速度体验→唤醒路径中的调节效应显著，且为正向调节（［0.158，0.445］，p<0.05）；勇气水平在自然体验→愉快路径中的调节效应显著，且为正向调节（［0.217，0.492］，p<0.05），勇气水平在自然体验→唤醒路径中的调节效应显著，且为正向调节（［0.188，0.486］，p<0.05）。综上所述，假设 H5a、H5b、H5c、H5d、H5e、H5f 得到了验证。

5.6　研究结果

本部分对高山滑雪体验、消费者情感、勇气水平和滑雪成瘾之间的关系展开了讨论和分析，并以此为基础结合相关文献研究，构建了高山滑雪体验影响滑雪成瘾的机理研究模型，提出了相应的研究假设；通过对采集到的数据进行分析，研究假设都得到了支持，即高山滑雪体验对消费者情感产生了正向影响，勇气水平在高山滑雪体验和消费者情感之间起调节作用；消费者情感对滑雪成瘾产生正向影响；高山滑雪体验对消费者滑雪成瘾产生正向影响；消费者情感在高山滑雪体验和滑雪成瘾之间起中介作用。所有研究假设的验证情况见表 5-22。

表 5-22　研究假设检验情况汇总

假设	假设内容	是否支持
H1 高山滑雪体验对消费者情感的影响		
H1a	高山滑雪沉浸体验正向影响消费者愉快情感	支持
H1b	高山滑雪速度体验正向影响消费者愉快情感	支持
H1c	高山滑雪自然体验正向影响消费者愉快情感	支持
H1d	高山滑雪沉浸体验正向影响消费者唤醒情感	支持
H1e	高山滑雪速度体验正向影响消费者唤醒情感	支持
H1f	高山滑雪自然体验正向影响消费者唤醒情感	支持

假设	假设内容	是否支持
H2 消费者情感对滑雪成瘾的影响		
H2a	消费者愉快情感正向影响滑雪成瘾	支持
H2b	消费者唤醒情感正向影响滑雪成瘾	支持
H3 高山滑雪体验对滑雪成瘾的影响		
H3a	高山滑雪沉浸体验正向影响滑雪成瘾	支持
H3b	高山滑雪速度体验正向影响滑雪成瘾	支持
H3c	高山滑雪自然体验正向影响滑雪成瘾	支持
H4 消费者情感在高山滑雪体验与运动成瘾关系中的中介作用		
H4a	消费者愉快情感在高山滑雪沉浸体验和滑雪成瘾之间的关系中起中介作用	支持
H4b	消费者愉快情感在高山滑雪速度体验和滑雪成瘾之间的关系中起中介作用	支持
H4c	消费者愉快情感在高山滑雪自然体验和滑雪成瘾之间的关系中起中介作用	支持
H4d	消费者唤醒情感在高山滑雪沉浸体验和滑雪成瘾之间的关系中起中介作用	支持
H4e	消费者唤醒情感在高山滑雪速度体验和滑雪成瘾之间的关系中起中介作用	支持
H4f	消费者唤醒情感在高山滑雪自然体验和滑雪成瘾之间的关系中起中介作用	支持
H5 勇气水平在高山滑雪体验与消费者情感关系中的调节作用		
H5a	勇气水平在高山滑雪沉浸体验和消费者愉快情感之间的关系中起调节作用	支持
H5b	勇气水平在高山滑雪沉浸体验和消费者唤醒情感之间的关系中起调节作用	支持
H5c	勇气水平在高山滑雪速度体验和消费者愉快情感之间的关系中起调节作用	支持
H5d	勇气水平在高山滑雪速度体验和消费者唤醒情感之间的关系中起调节作用	支持
H5e	勇气水平在高山滑雪自然体验和消费者愉快情感之间的关系中起调节作用	支持
H5f	勇气水平在高山滑雪自然体验和消费者唤醒情感之间的关系中起调节作用	支持

5.7　本章小结

　　本章基于探索性研究结果，遵循认知→情感→行为模型研究逻辑，探讨了高山滑雪体验对运动成瘾的影响研究。首先对高山滑雪体验整合分析框架进行了提炼，构建了高山滑雪体验影响滑雪成瘾的机理研究模型；其次根据对国内外文献的查阅研究，提出了 23 项假设；最后通过梳理文献中对模型中构念的内涵、维度及测量的研究现状及评述，形成了高山滑雪体验影响滑雪成瘾的机理研究模型的调查问卷。

　　本章以黑龙江亚布力阳光滑雪场的高山滑雪爱好者为研究对象，应用SPSS 22.0和AMOS 24.0等软件对收集的数据进行数据分析和信度、效度检验，并在此基础上对本章提出的假设进行了检验。结果显示：高山滑雪体验正向影响消费者滑雪成瘾；高山滑雪体验正向影响消费者情感；消费者情感正向影响滑雪成瘾；消费者情感在高山滑雪体验与滑雪成瘾之间起中介作用；勇气水平在高山滑雪体验与消费者情感之间起调节作用。因此，本章假设均得到了验证。

第6章 高山滑雪体验的溢出效应研究

本章在对高山滑雪体验溢出效应的探索性研究的基础上，结合文献研究，构建了高山滑雪体验溢出效应的研究模型，并提出了研究假设；通过借鉴文献中的成熟量表，结合自行开发的高山滑雪体验测量量表设计调查问卷并收集数据，利用 SPSS 22.0、AMOS 24.0 和 Bootstrap 等软件对高山滑雪体验的溢出效应进行探究。

6.1 研究模型的构建

近年来，高山滑雪运动已逐渐成为我国人民冬季旅游度假、休闲放松的一项主要运动方式，具备一定滑雪技巧和滑雪经验的高山滑雪爱好者日益增多。高山滑雪运动如此受到滑雪者的青睐，那么，除了高山滑雪运动本身的体验感优势之外，是否还有其他的影响因素值得进行探索和研究。本书通过探索性研究发现，高山滑雪爱好者除了提到其对滑雪运动本身的喜爱之外，也纷纷提到了高山滑雪运动潜移默化地影响着滑雪者的日常生活，提升了其生活幸福感。也就是说，高山滑雪体验除了影响消费者滑雪成瘾之外，还产生了溢出效应。通过前文对相关文献的梳理发现，目前相关文献尚未充分研究高山滑雪体验的溢出效应。

本部分对第 3 章提出的整合研究框架的一些范畴进行了概念化和操作化改进，以 S-O-R 模型为理论基础，将高山滑雪体验作为刺激因素，研究其对滑雪者感知价值的影响，以及感知价值对生活幸福感的影响，构建高山滑雪体验的溢出效应研究模型（见图 6-1）；进一步采用结构方程模型对高山滑雪体验的溢出效应进行实证检验。

图 6-1　高山滑雪体验的溢出效应研究模型

6.2　研究假设的提出

6.2.1　高山滑雪体验对感知价值的影响

顾客感知价值指的是顾客在购买产品或接受服务时，对其成本和收益之间差异的主观评价。这种评价是一个权衡的过程，考虑到产品或服务的成本及获得的收益。研究表明，感知价值是一种主观的体验，与客观评价有很大的区别（魏丁和苏秦，2021）。同一个顾客对同一产品的感知价值可能会随着时间和环境的变化而发生变化。顾客感知价值不仅关注产品质量，还关注在整个消费过程中所得到的服务。感知价值通常被用于营销领域的研究，部分旅游领域的研究也应用了感知价值的概念，界定了感知价值与旅游产品和服务之间的关系。

剧小贤（2022）指出，消费者感知价值是消费者对整个消费过程的评价。朱逸等（2022）认为，消费者感知价值是基于消费者的个性偏好、预期和客观服务等多方面的评价，作为消费行为的参照。在 Alba 和 Hutchinson（1987）的研究中发现，消费体验可以让消费者产生较高的熟悉度、较强的品牌联想及较深的产品印象，从而增强个人与品牌之间的关系。崔嘉琛等（2011）在研究高校学生的购物行为时发现，消费体验可以正向影响消费者的感知价值。吴小梅和郭朝阳（2014）认为，心流体验作为消费体验的一种高级形式，可以增加消费者的感知价值。张文池和殷杰（2023）认为，公众在获取信息的过程中所产生的心流体验对其感受到的享乐价值和功利价值有显著的正向影响。

高山滑雪体验是一种消费体验形式，它通过顾客的高度参与和在滑雪场较长时间的停留，以及参与滑雪运动来达到一种体验的过程。这种体验是对滑雪场服务质量的重要评判标准之一。高山滑雪体验可以使参与者在物质和精神方面获得高度满足，从而产生顾客感知价值。一些研究者通过深入研究滑雪体验的多方面属性，构建了包括交通、旅游服务、工作人员、天气等 15 个属性在内的滑雪体验属性框架，全面确定了滑雪体验的关键属性，这些属性都是影响顾客感知价值的关键因素（杜庆臻，1999；王飞，2018）。

进一步地，高山滑雪体验的 3 个维度很可能对感知价值具有影响作用，具体而言，高山滑雪体验分为沉浸体验、速度体验和自然体验，这 3 个维度均对感知价值产生影响。在高山滑雪沉浸体验方面，滑雪者注重滑雪场所的干净与舒适；营造良好的滑雪运动场所，能够让滑雪者感受到滑雪环境的轻松愉快（姚尧，2021），因此，较好的高山滑雪沉浸体验会给滑雪运动者带来较高的正向感知价值。高山滑雪速度体验体现了消费者寻求冒险刺激、改善运动技能等实现自我突破与价值提升的消费需求（杨志林和王晶波，2021），高山滑雪的速度体验感会给滑雪爱好者带来惊险、刺激、挑战自我等高效能的感知价值。这种自然体验能够增加滑雪运动者对于亲近自然、感受大自然的感知价值，因而产生较为积极的感知价值效应。

综上，本部分针对高山滑雪体验对消费者感知价值的影响提出如下假设：

H1a：高山滑雪沉浸体验正向影响消费者感知价值的功利价值。

H1b：高山滑雪沉浸体验正向影响消费者感知价值的娱乐价值。

H1c：高山滑雪速度体验正向影响消费者感知价值的功利价值。

H1d：高山滑雪速度体验正向影响消费者感知价值的娱乐价值。

H1e：高山滑雪自然体验正向影响消费者感知价值的功利价值。

H1f：高山滑雪自然体验正向影响消费者感知价值的娱乐价值。

6.2.2　感知价值对生活幸福感的影响

学者认为，在研究生活幸福感时，主观幸福感是个体在特定时期内对自我状态和生活质量的主观评价。这种评价通常包括三个维度，即积极情绪、消极情绪和生活满意度（Gilbert et al.，2004）。积极情绪是指愉快的情感体验，是相对于消极情绪而言的（Diener，2006）。这两种情绪作为主观幸福感的感知维度，反映了个体对自身主观情绪的评价。生活满意度则包括生活整体满意度和生活主要满意度两种衡量标准。生活满意度作为主观幸福感的认知维度，反映了个体对自身生活状况的评价（Diener and Lucas，2000）。

生活幸福感是主观幸福感的一个认知组成部分，是一个人对生活满意度的长期整体判断（Kusier and Folker，2021；Cheng et al.，2022）。生活幸福感是对一个人在特定时间点上对生活的感觉和态度的全面评估，是一种判断，是生活的主观享受（Diener et al.，1985；Lewinsohn et al.，1991；Veenhoven，1996，2015）。生活幸福感主要包含了认知判断和情感成分两种不同维度，目前管理领域对生活幸福感的研究主要倾向于将其定义为对自己的工作满意度（Rothausen and Henderson，2019；Judge et al.，2020）。

顾客感知的价值会影响他们的满意度，因为如果消费者认为他们获得的收益与成本相比是值得的，或者总收益超过了总成本，就会产生满意感（Cronin and Taylor，1992；Cronin et al.，1997）。对于高山滑雪者而言，他们对滑雪体验的感受和评估将直接影响他们的生活满意度。在度假地，高山滑雪的体验将影响滑雪者的生活世界，在滑雪场获得畅爽、愉快的滑雪体验及最大化的感知价值是滑雪者所追求的，在滑雪场里对滑雪感受的这种良好感知和评价，将外溢至滑雪者的生活世界，即滑雪者对滑雪体验的感受评估有利于提高其生活满意度。

综上，本部分针对消费者感知价值对生活幸福感的影响提出如下假设：

H2a：消费者感知的功利价值正向影响生活幸福感。

H2b：消费者感知的娱乐价值正向影响生活幸福感。

6.2.3 感知价值在高山滑雪体验和生活幸福感关系中的中介作用

高山滑雪体验是消费体验的一种形式。高山滑雪运动者通过参与其中达到物质和精神的双重满足，滑雪体验是将滑雪运动中的唯美的因素提取出来用来滋养身心的一种体验，通过高参与度达到顾客感知价值的回馈（杜庆臻，1999；王飞，2018）。高山滑雪体验对感知价值产生影响（柯营营等，2019；杨志林和王晶波，2021）。顾客感知价值是影响消费者满意度的一个重要因素，价值是客户主观感知的，是公司努力实现的关键交付物，以获得客户满意度、服务体验和客户忠诚度（Sirdeshmukh et al.，2002；Capatina et al.，2020；Dong and Lian，2021）。企业可以通过滑雪体验了解消费者偏好并对产品做出优化和修改，提高产品附加价值，从而增强消费者的感知价值。

顾客感知价值包含了不同的维度，学者也进行了相关研究，并且感知价值会对消费者的幸福感产生一定的正向影响。McDougall 和 Levesque（2000）在客户对服务的满意度研究中，将消费者感知价值分为功利主义和价格两个维度。在移动数据服务的研究中，将消费者感知价值分为功利价值、享乐价值和社会价值

3 个维度。本书所构建的量表对感知价值的维度测量主要体现在功利价值和娱乐价值两个维度，这两个维度的感知价值均对生活幸福感产生影响。功利主义强调通过行为来实现特定的目标或奖励，注重提高消费者的任务表现（Liu et al.，2019；Park et al.，2019；Pal et al.，2021），高山滑雪运动者如果能通过滑雪体验实现运动挑战的目标和获得奖项，则会提升其幸福感和满足感。娱乐主义强调从执行某种行为中获得的快乐和满足感，代表了消费者从愉快和享受的服务中获得的感官享受或情感利益，注重提高用户的愉快体验（Kim and Hwang，2012；Ahn and Seo，2018），当高山滑雪运动者从滑雪体验中得到了身心锻炼和享受自然的体验，则会对其生活幸福感有一定的提升作用。

综上，本部分针对感知价值在高山滑雪体验和生活幸福感关系中的中介作用提出如下假设：

H3a：消费者感知的功利价值在高山滑雪沉浸体验和生活幸福感关系中起中介作用。

H3b：消费者感知的功利价值在高山滑雪速度体验和生活幸福感关系中起中介作用。

H3c：消费者感知的功利价值在高山滑雪自然体验和生活幸福感关系中起中介作用。

H3d：消费者感知的娱乐价值在高山滑雪沉浸体验和生活幸福感关系中起中介作用。

H3e：消费者感知的娱乐价值在高山滑雪速度体验和生活幸福感关系中起中介作用。

H3f：消费者感知的娱乐价值在高山滑雪自然体验和生活幸福感关系中起中介作用。

6.3　研究设计和数据分析

本部分将进行基于高山滑雪体验溢出效应研究模型的实证检验。通过对相关文献的梳理和研究，选择高山滑雪体验溢出效应研究模型中各变量的测量量表，形成总体调查问卷，并向高山滑雪爱好者发放和回收问卷以获取研究数据；进一步分析量表的信度和效度，采用结构方程模型进行路径分析和中介作用检验，最终得出高山滑雪体验与生活幸福感之间的关系，以及感知价值在高山滑雪体验与生活幸福感之间的中介作用。

6.3.1　量表的选取

本部分采用第 4 章所开发的高山滑雪体验量表来测量高山滑雪体验；消费者感知价值和生活幸福感的测量量表则是参考国内外研究文献，同时采用了英文量表的翻译和回译程序，以确保语义的准确性和量表的信度和效度，并最终形成了一个整体调查问卷。

（1）高山滑雪体验

本书使用了第 4 章自主开发的高山滑雪体验量表，共包含 12 个题项，分为 3 个维度：沉浸体验、速度体验和自然体验。该量表已经在第 4 章进行了信效度验证，得出了良好的结果。评分方式采用李克特 5 点评分法，具体来说，前 4 题测量沉浸体验，中间 4 题测量速度体验，后 4 题测量自然体验。其他量表的评分方式也采用了李克特 5 点评分法，以保持量纲的一致性。具体的高山滑雪体验量表见表 6-1。

表 6-1　高山滑雪体验的测量题项及参考文献来源

维度名称	编号	测量题项	参考文献
沉浸体验	1	在进行高山滑雪运动时，我会完全集中精力	
	2	我非常享受高山滑雪这项运动	
	3	高山滑雪运动让我非常兴奋	
	4	高山滑雪非常爽	
速度体验	5	对速度的适应让我偶尔处于一种无意识状态	自行开发
	6	速度是让我对高山滑雪上瘾的一个重要因素	
	7	在高山滑雪运动中，速度是获得超爽体验的前提	
	8	在高山滑雪运动中，加速让我非常兴奋和激动	
自然体验	9	高山滑雪让我体验人与自然的和谐	
	10	高山滑雪让我体会到自己是自然的一部分	
	11	高山滑雪让我体会到，与自然和环境的联系是我精神的一部分	
	12	在高山滑雪过程中，我能感觉到人与自然的沟通	

（2）消费者感知价值

Batra 和 Ahtola（1991）在其研究中发现，消费者对产品的认知可分为享乐价值和功利价值两个维度。此后，Babin 等（1994）从享乐性和功利性两个角度分析购物体验中的感知价值。在戴雪芬和郑淑蓉（2015）的研究中，感知价值被分为享乐价值和功利价值，以分析网络购物服务质量对满意度的影响。在贾晓锋（2019）的消费者购物意愿研究中，也验证了享乐价值和功利价值是感知价值的两个构成维度。目前，学者们仍认为享乐价值和功利价值是感知价值的两个代表性维度。因此，本部分也将感知价值划分为享乐价值和功利价值两个维度，以便后续研究。本部分在其他学者设计的感知价值量表基础上，结合高山滑雪运动情境进行修订，设计了高山滑雪情境下消费者感知价值的测量量表，题项内容和参考文献来源见表 6-2。

表 6-2　消费者感知价值的测量题项及参考文献来源

维度名称	编号	测量题项	参考文献
功利价值	1	高山滑雪运动促进了我的工作/学习表现	自行开发
	2	高山滑雪运动提升了我的工作/学习绩效	
	3	高山滑雪运动提高了我的工作/学习效率	
	4	我觉得高山滑雪运动在我的工作/学习中是有用的	
	5	我觉得高山滑雪运动对我的工作/学习是有帮助的	
娱乐价值	6	在进行高山滑雪运动时，我觉得很愉快	
	7	相比于其他的运动形式，我很享受参与高山滑雪运动的时间	
	8	在高山滑雪运动中，我觉得兴奋	
	9	当我在进行高山滑雪运动时，我很快乐	
	10	高山滑雪让我忘掉了烦恼	

（3）生活幸福感

Pavot 和 Diener（1993）在研究中提出，个体对生活的满意程度属于主观幸福感的一种，与生活质量概念相似，强调心理上的满意水平对人们的意义。总体满意感量表（The Satisfaction with Life Scale）是 Diener 等美国研究者在 20 世纪 80 年代编制的多项目总体满意感量表，由 5 个项目组成，分值越高代表幸福感越强。该量表已被证实具有良好的测量特性，并在近年来广泛应用于生活幸福感的跨文化研究。因此，本书采用总体满意感量表作为生活幸福感的测量量表进行测量，题项内容及参考文献来源见表6-3。

表6-3 生活幸福感的测量题项及参考文献来源

维度名称	编号	测量题项	参考文献
生活幸福感	1	大多数情况下，我的生活接近理想状态	Pavot 和 Diener （1993）
	2	我的生活状态很好	
	3	我对自己的生活感到满意	
	4	到目前为止，我已经得到了我认为生活中最重要的事物	
	5	如果我可以再活一次，我不想改变任何事情	

6.3.2 问卷设计与样本选择

综合高山滑雪体验溢出效应研究模型中各变量的测量量表，本部分设计了高山滑雪体验调查问卷，问卷包括两个部分：第一部分是关于高山滑雪者个人信息的调查，包括性别、年龄、职业、受教育程度、可支配收入、参加高山滑雪运动的频率和出行方式等方面的信息；第二部分是关于高山滑雪者高山滑雪体验、消费者感知价值和生活幸福感的信息。具体问卷设计见附录4。

为了更好地检验本部分提出的假设，选择黑龙江亚布力阳光滑雪场的高山滑雪爱好者作为目标样本群。黑龙江亚布力阳光滑雪场是我国开展高山滑雪运动的典型地区，历史悠久，聚集了大量的高山滑雪爱好者，具有一定的代表性。因此，本部分选择黑龙江亚布力阳光滑雪场的高山滑雪爱好者作为研究对象，并进行面对面发放和回收问卷。

6.4 数据收集与分析

本次调查共发放问卷350份，收回有效问卷302份，有效回收率为89%。笔者尝试使用结构方程模型分析变量之间的关系，但必须确保样本数量适合开展相应分析。吴明隆（2010）认为当样本数量在200以上时，验证的理论模型可以有效地反映真实情况。高山滑雪体验溢出效应研究模型共涉及6个变量，实际有效样本为302个，符合上述学者的样本数量判断标准，因此可以开展模型分析。

6.4.1　描述性统计分析

通过对 302 个有效样本的人口统计变量特征进行分析，本部分的样本在性别、年龄、受教育程度、职业、月可支配收入等几个方面具有如下特点：在性别方面，男性比女性更多，占总样本的 65.2% 和 34.8%；在年龄方面，分布比较均匀，其中 25 周岁及以下的人占 8.7%，26~35 周岁的人占 19.9%，36~45 周岁的人占 21.2% 等；在教育程度方面，受过本科教育的人占比最高，占总样本的 37.7%，其次是大专 28.5%、高中及以下 25.5%、研究生 8.3%；在职业方面，企业职员是占总样本最多的职业，占 33.1%，其次是管理人员 17.5% 和教师 6.0%。具体信息见表 6-4。

表 6-4　样本基本信息统计

变量	频次（人）	占比（%）
性别		
男	197	65.2
女	105	34.8
年龄		
25 岁及以下	26	8.7
26~35 岁	60	19.9
36~45 岁	64	21.2
46~55 岁	113	37.4
56~65 岁	34	11.3
65 岁以上	5	1.7
职业		
全日制学生	14	4.6
企业职员	100	33.1
管理人员	53	17.5
教师	18	6.0
顾问/咨询	10	3.3
专业人士（如会计师、律师、建筑师、医护人员、记者等）	107	35.4
其他		

变量	频次（人）	占比（%）
受教育程度		
高中及以下	77	25.5
大专	86	28.5
本科	114	37.7
研究生	25	8.3
月可支配收入		
3000 元及以下	69	22.8
3001~5000 元	99	32.8
5001~8000 元	66	21.9
8001~10000 元	23	7.6
10000 元以上	45	14.9
每年参加冬季户外高山滑雪频率		
1~3 次	90	29.8
4~6 次	48	15.9
7~9 次	23	7.6
10~12 次	18	6.0
12 次以上	123	40.7
出行方式		
旅行团	28	9.3
自驾游	274	90.7
每年滑雪消费的金额		
3000 元及以下	125	41.4
3001~5000 元	71	23.5
5001~10000 元	50	16.6
10000 元以上	56	18.5

6.4.2 信度和效度分析

（1）描述性分析

在进行结构方程模型分析之前，必须进行量表的信度和效度检验，以确保量表的可靠性和测量的正确性。本部分使用 SPSS 22.0 统计分析了沉浸体验、速度体验、自然体验、功利价值、娱乐价值及生活幸福感的平均值和标准差，结果见表 6-5。

表 6-5　测量题项的统计特征

构念	题项	均值	标准差
沉浸体验	在进行高山滑雪运动时，我会完全集中精力	4.750	0.593
	我非常享受高山滑雪这项运动	4.750	0.606
	高山滑雪运动让我非常兴奋	4.660	0.730
	高山滑雪非常爽	4.700	0.670
速度体验	对速度的适应让我偶尔处于一种无意识状态	3.660	1.339
	速度是让我对高山滑雪上瘾的一个重要因素	4.120	1.080
	在高山滑雪运动中，速度是获得超爽体验的前提	4.160	1.053
	在高山滑雪运动中，加速让我非常兴奋和激动	4.320	0.904
自然体验	高山滑雪让我体验人与自然的和谐	4.640	0.661
	高山滑雪让我体会到自己是自然的一部分	4.620	0.645
	高山滑雪让我体会到，与自然和环境的联系是我精神的一部分	4.530	0.718
	在高山滑雪过程中，我能感觉到人与自然的沟通	4.530	0.709
功利价值	高山滑雪运动促进了我的工作/学习表现	4.330	0.826
	高山滑雪运动提升了我的工作/学习绩效	4.280	0.857
	高山滑雪运动提高了我的工作/学习效率	4.260	0.859
	我觉得高山滑雪运动在我的工作/学习中是有用的	4.320	0.773
	我觉得高山滑雪运动对我的工作/学习是有帮助的	4.330	0.788
娱乐价值	在进行高山滑雪运动时，我觉得很愉快	4.570	0.652
	相比于其他的运动形式，我更享受高山滑雪运动	4.490	0.705
	在高山滑雪运动中，我觉得兴奋	4.500	0.719
	当我在进行高山滑雪运动时，我很快乐	4.550	0.634
	在进行高山滑雪运动时，我忘掉了烦恼	4.540	0.644
生活幸福感	大多数情况下，我的生活接近理想状态	4.160	0.872
	我的生活状态很好	4.320	0.769
	我对自己的生活感到满意	4.340	0.769
	到目前为止，我已经得到了我认为生活中最重要的事物	4.190	0.886
	如果我可以再活一次，我不想改变任何事情	3.600	1.282

结果显示，各测量题项的均值在 3.0~5.0，标准差在 1.0 上下浮动，没有明显偏离常规数值的异常值，也没有发现系统性的收集误差。这表明数据的质量较好，适合进行进一步的统计分析。

（2）信度分析

本部分中的各项变量均经过 Cronbach's α 值检验，结果显示所有变量的 Cronbach's α 值均在 0.800 以上，表明各项变量测量信度较高（吴明隆，2010）。这也表明了量表的稳定性、等价性和内部一致性较好。具体检验结果见表6-6。

表6-6　各构念的 Cronbach' α

构念	沉浸体验	速度体验	自然体验	功利价值	娱乐价值	生活幸福感
Cronbach' α	0.887	0.824	0.912	0.955	0.958	0.883

（3）效度分析

由于在大样本情况下，χ^2/df 指标的判别价值不高，因此不宜用该指标来评价模型的整体拟合程度。相反，可以通过验证性因子分析来检验测量模型的拟合度（见表 6-7）。根据统计结果，本部分所建立的模型拟合度较好（χ^2=998.985，df=309，χ^2/df=3.233，CFI=0.914，IFI=0.915，RMSEA=0.086）。

表6-7　整体模型拟合结果

拟合指标	拟合标准	统计结果
规范卡方（χ^2/df）	<5.000	3.233
相对拟合指数（CFI）	>0.900	0.914
近似误差均方根（RMSEA）	<0.100	0.086
增量拟合指数（IFI）	>0.900	0.915

每个题项的标准化因子载荷大于 0.5，AVE 大于 0.5，CR 大于 0.8，说明各构念的聚合效度符合标准，具体结果见表6-8。

表 6-8　测量题项的统计特征

构念	题项	标准化因子载荷	AVE	CR
沉浸体验	在进行高山滑雪运动时，我会完全集中精力	0.607	0.679	0.892
	我非常享受高山滑雪这项运动	0.847		
	高山滑雪运动让我非常兴奋	0.925		
	高山滑雪非常爽	0.879		
速度体验	对速度的适应让我偶尔处于一种无意识状态	0.540	0.590	0.848
	速度是让我对高山滑雪上瘾的一个重要因素	0.833		
	在高山滑雪运动中，速度是获得超爽体验的前提	0.853		
	在高山滑雪运动中，加速让我非常兴奋和激动	0.803		
自然体验	高山滑雪让我体验人与自然的和谐	0.830	0.727	0.914
	高山滑雪让我体会到自己是自然的一部分	0.872		
	高山滑雪让我体会到，与自然和环境的联系是我精神的一部分	0.900		
	在高山滑雪过程中，我能感觉到人与自然的沟通	0.805		
功利价值	高山滑雪运动促进了我的工作/学习表现	0.880	0.810	0.955
	高山滑雪运动提升了我的工作/学习绩效	0.897		
	高山滑雪运动提高了我的工作/学习效率	0.882		
	我觉得高山滑雪运动在我的工作/学习中是有用的	0.918		
	我觉得高山滑雪运动对我的工作/学习是有帮助的	0.922		
娱乐价值	在进行高山滑雪运动时，我觉得很愉快	0.902	0.825	0.959
	相比于其他的运动形式，我更享受高山滑雪运动	0.873		
	在高山滑雪运动中，我觉得兴奋	0.947		
	当我在进行高山滑雪运动时，我很快乐	0.935		
	高山滑雪运动让我忘掉了烦恼	0.881		
生活幸福感	大多数情况下，我的生活接近理想状态	0.790	0.673	0.910
	我的生活状态很好	0.910		
	我对自己的生活感到满意	0.902		
	到目前为止，我已经得到了我认为生活中最重要的事物	0.860		
	如果我可以再活一次，我不想改变任何事情	0.598		

6 个因子的 AVE（平均方差解释）值的平方根均高于该因子与其他因子间的相关系数，说明量表具有良好的判别效度，见表 6-9。

表 6-9　判别效度分析结果

构念	沉浸体验	速度体验	自然体验	功利价值	娱乐价值	生活幸福感
沉浸体验	0.824					
速度体验	0.205	0.768				
自然体验	0.230	0.221	0.853			
功利价值	0.271	0.256	0.266	0.900		
娱乐价值	0.244	0.189	0.216	0.329	0.908	
生活幸福感	0.206	0.228	0.229	0.367	0.293	0.820

6.5　假设检验

以上的数据分析结果表明，研究模型中各结构变量的测量方法是可靠和有效的，样本数据也适合进行结构模型分析。

本书的结构方程模型包括两个：一是直接效应，分别是高山滑雪体验对消费者感知价值影响的直接作用研究和消费者感知价值对生活幸福感影响的直接作用研究；二是中介效应，即消费者感知价值在高山滑雪体验与生活幸福感之间起中介作用。模型共包括 6 个变量，分别是沉浸体验、速度体验、自然体验、功利价值、娱乐价值和生活幸福感。

6.5.1　直接效应检验

在适配度良好的前提下，研究对前文提出的假设进行路径显著性检验，结果见表 6-10。该表包括每个假设路径、标准化系数估计值、t 值、p 值（显著性水平）。

表 6-10　研究假设检验结果

假设路径	标准化因子载荷	t 值	p 值
沉浸体验→功利价值	0.360	5.348	***
沉浸体验→娱乐价值	0.508	7.946	***

假设路径	标准化因子载荷	t 值	p 值
速度体验→功利价值	0.139	2.438	*
速度体验→娱乐价值	0.067	1.285	0.199
自然体验→功利价值	0.338	4.743	***
自然体验→娱乐价值	0.300	4.603	***
功利价值→生活幸福感	0.354	5.840	***
娱乐价值→生活幸福感	0.414	6.734	***

注：星号代表显著性水平，＊表示 $p<0.05$，＊＊＊表示 $p<0.001$（双尾）。

表 6-10 的结果显示，高山滑雪体验的沉浸体验（$\beta=0.360$，$p<0.001$）对功利价值有显著的正向影响，沉浸体验（$\beta=0.508$，$p<0.001$）对娱乐价值有显著的正向影响；高山滑雪体验的速度体验（$\beta=0.139$，$p<0.05$）对功利价值有显著的正向影响，速度体验（$\beta=0.067$，$p>0.001$）对娱乐价值的影响不显著；高山滑雪体验的自然体验（$\beta=0.338$，$p<0.001$）对功利价值有显著的正向影响，高山滑雪体验的自然体验（$\beta=0.300$，$p<0.001$）对娱乐价值有显著的正向影响。因此，假设 H1a、H1b、H1c、H1e、H1f 得到支持，H1d 不显著。

本部分针对假设高山滑雪速度体验对娱乐价值的正向影响（H1d）不显著这一结论，展开了进一步探讨。根据表 6-4，在接受问卷调查的 302 名受访者中，每年进行 1~3 次滑雪的人数占 29.8%，每年进行 4~6 次滑雪的人数占 15.9%，每年进行 7~9 次滑雪的占 7.6%，他们的总和已经达到 53.3%。据此推断，导致假设 H1d 不显著的主要原因一方面可能是此次调研的样本偏向于高山滑雪爱好者中的新生力量，而并非高山滑雪的痴迷者，滑雪频次低就预示着滑雪技能的生疏，需要在滑雪过程中对速度进行刻意的控制和调整才能保持平衡，因此，速度体验产生的娱乐价值会打折扣。另一方面，在本书中对滑雪爱好者的结构化访谈记录中，也能看到对速度体验的相关记录，包括"克服对速度的恐惧心理""安全是第一，在能控制你速度的前提下，然后去提高你的水平""当你不知道怎么去控制速度的时候，你就感觉特别恐惧，一害怕就往下坐，往下坐就卡倒""需要克服恐惧，大胆地去尝试一些动作和速度"等，这些描述都论证了速度体验对娱乐价值感知不显著的原因。

消费者感知价值的功利价值（$\beta=0.354$，$p<0.001$）和消费者感知价值的娱乐价值（$\beta=0.414$，$p<0.001$）对幸福感均产生显著的正向影响，支持假设 H2a

和 H2b。

6.5.2　中介效应检验

本部分使用 Bootstrap 方法探究消费者感知价值在高山滑雪体验和生活幸福感之间的中介效应。Bootstrap 方法是一种基于样本重复抽样的非参数统计方法，可以直接计算出中介变量的间接效应，并且可以判断中介效应是否显著。具体地，通过计算出 Bootstrap 样本的置信区间（BootLLCI 和 BootULCI），来判断中介效应是否显著。与传统的因果逐步回归方法和 Sobel 检验方法相比，Bootstrap 方法更加简单有效，并且可以克服因为数据偏态导致的问题。因此，本部分采用 Bootstrap 方法作为中介效应的检验方法，具有一定的优越性。

（1）功利价值在沉浸体验对生活幸福感影响中的中介作用

本部分使用了 Hayes（2013）开发的 Model4 插件，将沉浸体验作为自变量 X，将生活幸福感作为因变量 Y，将功利价值作为中介变量 M 进行 5000 次有放回随机抽样的 Bootstrap 分析。表 6-11 展示了间接效应和直接效应的 95% 置信区间的上限值和下限值。结果显示，间接效应的区间值为 0.145~0.431，不包含 0，表明沉浸体验通过功利价值对生活幸福感影响的中介效应显著。直接效应的区间值为 −0.261~0.082，包含 0，说明沉浸体验对生活幸福感的直接效应不显著。因此，功利价值在沉浸体验对生活幸福感的影响中起完全中介作用，支持假设 H3a。

表 6-11　功利价值在沉浸体验与生活幸福感之间中介效应的 Bootstrap 分析

路径	Effect	BootSE	BootLLCI	BootULCI
间接效应（沉浸体验→功利价值→生活幸福感）	0.273	0.073	0.145	0.431
直接效应（沉浸体验→生活幸福感）	−0.096	0.089	−0.261	0.082

（2）娱乐价值在沉浸体验对生活幸福感影响中的中介作用

为了探究沉浸体验对生活幸福感的影响机制，本部分使用 Hayes（2013）开发的插件中的 Model4，以沉浸体验为自变量 X，以生活幸福感为因变量 Y，以娱乐价值为中介变量 M 进行 Bootstrap 分析（见表 6-12）。结果显示，间接效应的区间值为 0.211~0.556，不包含 0，说明沉浸体验通过娱乐价值对生活幸福感影响的中介效应显著。直接效应的区间值为 −0.261~0.082，包含 0，说明沉浸体验对生活幸福感的直接效应不显著。综上所述，娱乐价值在沉浸体验对生活幸福感的影响中起完全中介作用，支持假设 H3d。

表6-12 娱乐价值在沉浸体验与生活幸福感之间中介效应的 Bootstrap 分析

路径	Effect	BootSE	BootLLCI	BootULCI
间接效应（沉浸体验→娱乐价值→生活幸福感）	0.393	0.087	0.211	0.556
直接效应（沉浸体验→生活幸福感）	−0.096	0.089	−0.261	0.082

（3）功利价值在速度体验对生活幸福感影响中的中介作用

本部分使用 Hayes（2013）开发的 Model4 插件，以速度体验为自变量 X，生活幸福感为因变量 Y，以功利价值为中介变量 M，进行了 5000 次有放回随机抽样的 Bootstrap 分析（见表6-13）。结果显示，间接效应的区间值为 0.04~0.185，不包含 0，说明速度体验通过功利价值对生活幸福感影响的中介效应显著。直接效应的区间值为 0.03~0.214，不包含 0，说明速度体验对生活幸福感的直接效应显著。综上所述，功利价值在速度体验对生活幸福感的影响中起部分中介作用，验证了假设 H3b。

表6-13 功利价值在速度体验与生活幸福感之间中介效应的 Bootstrap 分析

路径	Effect	BootSE	BootLLCI	BootULCI
间接效应（速度体验→功利价值→生活幸福感）	0.107	0.037	0.040	0.185
直接效应（速度体验→生活幸福感）	0.121	0.046	0.030	0.214

（4）娱乐价值在速度体验对生活幸福感影响中的中介作用

本部分使用 Hayes（2013）开发的 Model4 插件，以速度体验为自变量 X，生活幸福感为因变量 Y，以娱乐价值为中介变量 M，进行了 5000 次有放回随机抽样的 Bootstrap 分析（见表6-14）。结果显示，间接效应的区间值为 0.055~0.196，不包含 0，说明速度体验通过娱乐价值对生活幸福感影响的中介效应显著。直接效应的区间值为 0.03~0.214，不包含 0，说明速度体验对生活幸福感的直接效应显著。综上所述，娱乐价值在速度体验对生活幸福感的影响中起部分中介作用，验证了假设 H3e。

表 6-14　娱乐价值在速度体验与生活幸福感之间中介效应的 **Bootstrap** 分析

路径	Effect	BootSE	BootLLCI	BootULCI
间接效应（速度体验→娱乐价值→生活幸福感）	0.124	0.036	0.055	0.196
直接效应（速度体验→生活幸福感）	0.121	0.046	0.030	0.214

（5）功利价值在自然体验对生活幸福感影响中的中介作用

本部分使用 Hayes（2013）开发的 Model4，以自然体验为自变量 X，生活幸福感为因变量 Y，以功利价值为中介变量 M，进行了 5000 次有放回随机抽样的 Bootstrap 分析（见表 6-15）。结果显示，间接效应的区间值为 0.1～0.386，不包含 0，说明自然体验通过功利价值对生活幸福感影响的中介效应显著。直接效应的区间值为-0.086～0.31，包含 0，说明自然体验对生活幸福感的直接效应不显著。综上所述，功利价值在自然体验对生活幸福感的影响中起完全中介作用，验证了假设 H3c。

表 6-15　功利价值在自然体验与生活幸福感之间中介效应的 **Bootstrap** 分析

路径	Effect	BootSE	BootLLCI	BootULCI
间接效应（自然体验→功利价值→生活幸福感）	0.238	0.073	0.100	0.386
直接效应（自然体验→生活幸福感）	0.107	0.099	−0.086	0.310

（6）娱乐价值在自然体验对生活幸福感影响中的中介作用

本部件使用 Hayes（2013）开发的 Model4，以自然体验为自变量 X，生活幸福感为因变量 Y，以娱乐价值为中介变量 M，进行了 5000 次有放回随机抽样的 Bootstrap 分析（见表 6-16）。结果显示，间接效应的区间值为 0.127～0.428，不包含 0，说明自然体验通过娱乐价值对生活幸福感影响的中介效应显著。直接效应的区间值为-0.086～0.31，包含 0，说明自然体验对生活幸福感的直接效应不显著。综上所述，娱乐价值在自然体验对生活幸福感的影响中起完全中介作用，验证了假设 H3f。

表 6-16　娱乐价值在自然体验与生活幸福感之间中介效应的 **Bootstrap** 分析

路径	Effect	BootSE	BootLLCI	BootULCI
间接效应（自然体验→娱乐价值→生活幸福感）	0.278	0.077	0.127	0.428
直接效应（自然体验→生活幸福感）	0.107	0.099	−0.086	0.310

6.6　研究结果

　　本部分对高山滑雪体验、消费者感知价值、生活幸福感之间的关系展开了分析和讨论，结合对相关文献的分析研究，提出了相应的研究假设，通过对采集到的数据进行分析，结果表明研究假设得到了支持，即高山滑雪体验正向影响消费者感知价值，其中，速度体验对娱乐价值的正向影响不显著；高山滑雪体验通过消费者感知价值正向影响生活幸福感；消费者感知价值在高山滑雪体验与生活幸福感之间起中介作用得到了验证。

表 6-17　研究假设检验情况汇总

假设	假设内容	是否支持
H1 高山滑雪体验对消费者感知价值的影响		
H1a	高山滑雪体验的沉浸体验正向影响消费者感知价值的功利价值	支持
H1b	高山滑雪体验的沉浸体验正向影响消费者感知价值的娱乐价值	支持
H1c	高山滑雪体验的速度体验正向影响消费者感知价值的功利价值	支持
H1d	高山滑雪体验的速度体验正向影响消费者感知价值的娱乐价值	不显著
H1e	高山滑雪体验的自然体验正向影响消费者感知价值的功利价值	支持
H1f	高山滑雪体验的自然体验正向影响消费者感知价值的娱乐价值	支持
H2 消费者感知价值对生活幸福感的影响		
H2a	消费者感知的功利价值正向影响生活幸福感	支持
H2b	消费者感知的娱乐价值正向影响生活幸福感	支持
H3 感知价值在高山滑雪体验和生活幸福感之间关系中的中介作用		
H3a	消费者感知的功利价值在高山滑雪沉浸体验和生活幸福感关系中起中介作用	支持
H3b	消费者感知的功利价值在高山滑雪速度体验和生活幸福感关系中起中介作用	支持
H3c	消费者感知的功利价值在高山滑雪自然体验和生活幸福感关系中起中介作用	支持
H3d	消费者感知的娱乐价值在高山滑雪沉浸体验和生活幸福感关系中起中介作用	支持
H3e	消费者感知的娱乐价值在高山滑雪速度体验和生活幸福感关系中起中介作用	支持
H3f	消费者感知的娱乐价值在高山滑雪自然体验和生活幸福感关系中起中介作用	支持

6.7 本章小结

本章基于探索性研究结果，遵循 S-O-R 模型的研究逻辑，探讨了高山滑雪体验的溢出效应。本章首先对第 3 章高山滑雪体验的整合研究框架进行了提炼，构建了高山滑雪体验溢出效应的研究模型；根据对相关文献的梳理和研究，提出了 14 项子假设。通过梳理文献中对模型中构念的内涵、维度及测量的研究现状及评述，确定了模型中各变量的测量量表，开发了高山滑雪体验溢出效应模型的调查问卷。

本章采用问卷调查的办法进行实证检验，利用 SPSS 22.0、AMOS 24.0 和 Bootstrap 等软件对收集到的 302 份有效数据进行信度检验、效度检验，并在此基础上，对本章提出的假设进行检验。结果显示：高山滑雪体验正向影响消费者感知价值，其中，速度体验对娱乐价值的正向影响不显著；高山滑雪体验通过消费者感知价值正向影响生活幸福感；消费者感知价值在高山滑雪体验与生活幸福感之间起中介作用。

第7章　基于研究结论的滑雪场营销能力提升策略

近年来，随着冰雪经济的不断升温，我国各地滑雪场之间的竞争日趋激烈。滑雪场要想在竞争中立于不败之地并获得持续发展，就必须以创新的意识创造竞争优势（白世贞等，2023）。本书通过对相关文献研究和深度访谈资料的分析，对高山滑雪体验的内涵进行了界定并明确了其结构维度。在高山滑雪体验量表开发的研究过程中，采用经典的量表开发程序，开发了一个由12项条目构成的高山滑雪体验测量量表，为研究高山滑雪体验的影响效应提供了工具支持。在实证分析部分，数据分析的检验结果表明：本书的绝大部分理论假设成立，说明了理论模型的合理性，进而对高山滑雪体验影响滑雪成瘾的机理和溢出效应的作用效果提供有力支持。为了深入理解以上各个子研究所带来的理论贡献，本章进一步深入探讨数据检验得出的结论；同时，本章在审视本书的局限性的基础上提出了有待进一步研究的问题，旨在引发笔者及相关学者对后续研究的深入思考。

7.1　研究结论

本书通过梳理国内外研究现状，发现目前国内外对高山滑雪体验的内涵、测量及结果影响方面的研究十分匮乏。基于此，本书开发了高山滑雪体验的测量量表，找出可能存在的中介因素和调节因素，在此基础上构建高山滑雪体验影响滑雪成瘾的机理研究模型和高山滑雪体验的溢出效应研究模型，采用结构方程模型对研究模型进行验证，并得出如下结论：

第一，本书通过文献梳理和分析，对高山滑雪体验的定义进行了界定，高山滑雪体验是指在高山滑雪过程中，滑雪者由于自身动作和外界事物的刺激而诱发的心理感受和情感感知。高山滑雪体验具有主观感知性、感知的差异性和关联反应性等特征。本书通过扎根理论方法分析，得出高山滑雪体验的 3 维度结构——沉浸体验、速度体验和自然体验。3 维度体现了在高山滑雪运动中，人与运动、人与自然的完美结合。高山滑雪沉浸体验是指在滑雪过程中，滑雪者全身心地投入运动中，享受滑雪运动带来的快乐而忘记烦恼；高山滑雪速度体验是滑雪者从高山之巅借助雪道坡度滑行的过程中，由于速度和加速度不易控制而产生的感知，是高山滑雪运动体验与其他体验最不同之处，是高山滑雪特有的体验；高山滑雪自然体验是指在高山滑雪过程中，由于速度、力量的运用和调整，滑雪者对周边自然环境产生的深刻和独特的体验。

第二，通过梳理和研究相关文献发现，目前缺乏完善的高山滑雪体验的测量量表。首先，本书进行高山滑雪体验量表初始题项的编制。通过查阅文献、提炼访谈内容，形成了包括 42 个题项的高山滑雪体验的初始量表，其中沉浸体验包括 17 个题项、速度体验包括 15 个题项、自然体验包括 10 个题项。其次，对初始量表进行问卷讨论与修订，并进行探索性因子分析，有 12 个题项被纳入高山滑雪体验正式量表中。通过探索性因子分析得到的沉浸体验、速度体验和自然体验 3 个维度 12 题项量表的 Cronbach's α 值均大于 0.7，说明该量表各维度均具有良好的信度水平。最后，使用 AMOS 24.0 软件进行验证性因子分析，来进一步验证高山滑雪体验量表的内容结构。据验证性因子分析结果显示，3 个因子的组合信度在 0.8487~0.9138，均大于 0.700，测项的因子载荷均高于 0.500，且 3 个因子的组合信度均大于 0.700，AVE 值均大于 0.500，3 个因子的 AVE 值的平方根均高于该因子与其他因子间的相关系数，说明本量表具有良好的组合效度、收敛效度和判别效度。本书最终形成了高山滑雪体验的测量量表。

第三，本书通过对相关文献的研究和采用扎根理论方法分析，初步建构了高山滑雪体验影响滑雪成瘾的机理研究模型，通过查阅文献，利用模型中各构念的成熟量表，形成了高山滑雪体验影响滑雪成瘾的机理研究模型的调查问卷，并进行了实证分析。经检验得出以下结论：一是高山滑雪体验各维度对消费者情感中的愉快和唤醒具有显著的正向影响。即高山滑雪沉浸体验正向影响消费者的愉快情感和唤醒情感、高山滑雪速度体验正向影响消费者的愉快情感和唤醒情感、高山滑雪自然体验正向影响消费者的愉快情感和唤醒情感。二是消费者情感对滑雪成瘾具有显著的正向影响。其中，消费者情感中的愉快和唤醒均对滑雪成瘾呈显著的正向关系。三是消费者情感在高山滑雪体验与滑雪成瘾的关系中起中介作用。即消费者的愉快情感在高山滑雪沉浸体验、速度体验、自然体验和滑雪成瘾之间的关系中起中介作用，消费者的唤醒情感在高山滑雪沉浸体验、速度体验、自然体验和滑雪成瘾之间的关系中起中介作用。四是勇气水平在高山滑雪体验对消费者情感的影响中起调节作用。即勇气水平在高山滑雪的沉浸体验、速度体验、自然体验和消费者的愉快情感的关系中起调节作用，勇气水平在高山滑雪体验的沉浸体验、速度体验、自然体验和消费者的唤醒情感之间的关系中起调节作用。五是高山滑雪体验对滑雪成瘾具有显著的正向的影响，即高山滑雪沉浸体验、速度体验、自然体验正向影响滑雪成瘾。

第四，本书在文献研究、扎根理论分析的基础上，构建了高山滑雪体验溢出效应研究模型，通过借鉴成熟测量量表，形成调查问卷并对高山滑雪体验 3 个维度、消费者感知价值及生活幸福感之间的关系进行实证分析。经检验得出以下结论：一是高山滑雪的沉浸体验对消费者感知价值的娱乐价值、功利价值具有显著正向影响，自然体验对消费者感知价值的娱乐价值、功利价值具有显著正向影响，速度体验对消费者感知价值的功利价值具有显著正向影响，而速度体验对消费者娱乐价值的正向影响不显著；二是消费者感知价值对消费者的生活幸福感具有显著正向影响，也就是说，消费者通过高山滑雪体验既可以获得运动中的愉快和唤醒感，也能间接获得生活幸福感。

7.2　提升策略

本书界定了高山滑雪体验的内涵和维度机构，开发了高山滑雪体验的测量量表，验证了高山滑雪体验影响滑雪成瘾的机理及高山滑雪体验的溢出效应，为滑雪场经营者提升营销能力、增强竞争能力提供了新思路。本章结合第 1 章至第 6 章的研究结论，对提升滑雪场营销能力提出优化策略。

7.2.1　重视并充分发挥高山滑雪体验的积极作用

高山滑雪体验在学术上是一个重要的研究课题，但是对于滑雪场管理人员来说，是一个陌生的概念，多数管理者对高山滑雪体验知之甚少，很多管理人员想在高山滑雪体验上下功夫时，却不知道从哪些方面开展工作。因此，高山滑雪体验提升工作未得到重视和全面实施。本书通过文献梳理分析和探索性研究对高山滑雪体验的内涵和维度结构进行了界定，使滑雪场管理者在理解了高山滑雪体验内涵和积极作用的同时，清楚了提升消费者高山滑雪体验相关工作的方向。

（1）普及高山滑雪体验的价值理念

通过本书的文献综述可知，20世纪90年代，高山滑雪运动在我国逐步兴起；近些年高山滑雪市场的迅速发展在很大程度上得益于国家相关政策的鼓励和冬季奥运会在我国的举办。但实际上，我国滑雪企业和人民群众对高山滑雪运动体验的价值还不甚了解，随着后冬奥时代的到来，我国人民群众对高山滑雪运动的热情也会有所褪去；因此，如果想保持高山滑雪运动市场的进一步健康发展，增强滑雪场的竞争力，就需要进一步加强对高山滑雪运动体验价值的宣传。

行业层面。一是各级文旅部门、体育部门和行业协会、俱乐部等机构通过组织推介广告、滑雪节和大众滑雪比赛等活动，让广大人民群众体验高山滑雪，积极营造全民参与高山滑雪运动的氛围；二是通过设立滑雪课程、滑雪研学、引入滑雪企业宣讲、设立滑雪产业学院等形式，在学校内宣传推广高山滑雪运动的体验价值，让广大中小学生、大学生及家长更加深刻地了解高山滑雪运动，引导其参与高山滑雪运动，进而推动高山滑雪运动市场的发展；三是制定相关补贴政策，吸引更多的初级滑雪者体验高山滑雪运动，在体验中发现高山滑雪运动的价值，培养更多的高山滑雪爱好者（白世贞等，2023）。

企业层面。一是滑雪场可以通过培训、头脑风暴等方式，向广大干部职工宣传推广高山滑雪体验的相关内容，各级管理人员，特别是企业高管要高度重视高山滑雪体验的积极意义，学习了解高山滑雪体验的概念、维度和影响机理，将提升高山滑雪体验作为一项重要的工作来抓；二是形成多渠道的宣传传播方式，包括电视、报刊、广播等传统媒体和微博、微信等新媒体，使顾客在感官上反复接收到关于高山滑雪体验价值意义的刺激，使消费者更多地了解高山滑雪体验带来的积极作用；三是产品设计方面，滑雪场在设计滑雪产品时可以将体现高山滑雪体验特色的产品作为主打产品，包括外观设计、功能设计、操作性等，引导更多的消费者通过尝试新产品增强对高山滑雪体验价值的认知。

（2）健全提升顾客体验的保障体系

我国高山滑雪运动兴起的时间较晚，高山滑雪市场尚处于发展期。高山滑雪市场和企业存在两个方面的特点：一方面，市场机制还不成熟，存在不同程度的虚假宣传、恶性竞争、欺客宰客等市场顽疾，这些乱象的存在严重影响了高山滑雪体验；另一方面，滑雪场在提升高山滑雪体验方面的相关工作还不够系统、不够完善，运营能力还不够，因此需要建立健全提升高山滑雪体验的保障体系。

行业层面。一是建立、完善高山滑雪场行业标准。滑雪场行业标准涉及造雪、压雪、救援、滑雪装备、安全标准等各个方面。行业标准的建立和完善能够有效地规范高山滑雪市场的乱象，规范滑雪场的经营行为（孙大海等，2022），保障消费者获得较好的高山滑雪体验。二是市场监督管理部门结合滑雪场运营的实际情况，健全服务监督机制，对包括虚假宣传、恶性竞争、强制推销、非法运营等行为进行严厉打击，保证企业发布信息的公开、透明、准确，减少和杜绝消费者高山滑雪预期与实际体验之间的矛盾。三是建立黑名单制度。对影响消费者高山滑雪体验的各类行为加大曝光力度，对造成恶劣影响和屡教不改的企业纳入社会诚信体系的"黑名单"。保护滑雪者的合法权益，确保其获得优质的滑雪体验。四是保证行业的公益性投入和专项补贴。交通的便利性和滑雪道的长度、宽度、位置等是影响高山滑雪体验的重要因素，但是滑雪道的开发包含很大成本，需要相关部门制定相应的投入政策，助力企业缓解资金压力，促进企业发展（王晨曦和满江虹，2022）。

企业层面。一是高山滑雪体验目标管理体系建设。将提升高山滑雪体验工作纳入企业目标管理体系之中，包括高山滑雪体验工作要实现的总目标，并将目标层层分解，目标设定科学合理，使提升高山滑雪体验工作变成企业的一项日常工作进行推进。二是全面开展高山滑雪体验工作的绩效考核管理。只有目标导向是不够的，必须保证目标的实现，因此，既要有结果导向，又要有过程控制，高山滑雪体验工作的绩效考核不可或缺，通过绩效考核，找出员工工作中的优势和不足，确保目标的实现。三是将高山滑雪体验作为一项企业文化要素。企业通过树立典型、案例分析、表彰先进和事迹宣传等方式对在提升高山滑雪体验工作方面出色的人或事进行宣传推广，使广大干部职工深刻理解高山滑雪体验的重要意义。

（3）多渠道加强专业人才队伍建设

研究结果表明，高山滑雪体验无论是对消费者滑雪成瘾还是提升消费者生活幸福感都具有正向影响，因此，培养任用具备高山滑雪体验建设思维和实践经验的专业人才和管理团队成为工作的重中之重。然而，由于我国滑雪产业发展的历史较短，大中专院校也没有设置相关的专业，具备高山滑雪体验建设思维和实践的专业人才很匮乏，因此需要多方努力才能满足滑雪产业发展的需要（冯烽，2022）。

行业层面。一是大中专院校设置相关专业。从目前的情况看，大中专院校并没有关于滑雪场管理的相关专业设置，更没有关于高山滑雪体验管理提升的课程设置，高山滑雪体验管理提升工作只能通过实践或者以师带徒的方式实现，因此，建议大中专院校设置相关专业，为企业提供专业人才。二是组织人员学习国外企业的先进管理模式。通过文献可知，国外很多国家，如瑞士、美国、瑞典等高山滑雪运动兴起的时间很早，无论是体验营销、人才培养、商业模式等方面都积累了大量的实践经验，行业相关部门可以组织人员出国考察学习国外企业先进的管理模式，提升高山滑雪体验建设能力。三是设置相关的职业资格认证。目前，关于国家承认的高山滑雪方面职业资格证书只有导滑员资格证书，在其他方面均没有资格认证，建议设置关于高山滑雪体验建设相关方面的资格认证，为企业提供人才引进的重要参考。

企业层面。一是重点培养。鉴于目前大中专院校并没有设置高山滑雪体验管理方面的专业，人力资源市场上相关的专业人才也不多，高山滑雪体验管理方面的人才供给与滑雪场的人才需求不匹配，滑雪场可以结合企业实际，建立容错机制，重点培养关于高山滑雪体验管理方面的人才队伍。二是内部选拔。通过内部人才选拔机制，破除资历、学历、经验等门槛，根据实际需要，将具有创新思维、务实精神的骨干安排在高山滑雪体验建设工作一线的各个基层部门，如场地部、雪具大厅、巡逻队等，使他们深入基层接触了解滑雪者需求和企业实际，并逐步培养成领域专家。三是外部引进。目前我国的大小滑雪场林立，实力不等，位于行业头部的滑雪场具备较强的盈利能力，可考虑引入国外先进企业的优秀管理人才以优化管理、提升高山滑雪体验，也可引入国外优秀的滑雪场运营管理咨询公司，为提升高山滑雪体验提供专业建议。

7.2.2 提升高山滑雪多维度体验效应的营销策略

结合本书第 5 章、第 6 章实证得出高山滑雪体验正向影响消费者情感和滑雪成瘾，勇气水平在高山滑雪体验与消费者情感之间起调节作用，高山滑雪体验通过消费者感知价值正向影响消费者的生活幸福感，产生溢出效应。滑雪场自身只有在高山滑雪体验 3 个维度（沉浸体验、速度体验、自然体验）上下功夫，才能正向推动消费者滑雪成瘾和溢出效应，提升滑雪场服务营销水平。

（1）基于沉浸体验的营销提升策略

高山滑雪沉浸体验是指滑雪过程中，滑雪者全身心地投入运动中，享受运动带来的快乐。高山滑雪沉浸体验提升策略包括如下三个方面：

第一，增加滑雪场地的差异性体验。由于高山滑雪场地的差异性，高山滑雪者会更加集中精力，沉浸于滑雪运动之中，这就要求滑雪道的规划设计更加科学、更加丰富（陈钢华等，2023）。滑雪场场地的差异性可以从滑雪道的宽度、长度、坡度、趣味性上下功夫，在不同的滑雪场地规划不同的宽度、坡度等；不同高山滑雪者的体验需求是不同的，根据滑雪偏好的不同，有的滑雪者偏好常规滑雪道，有的滑雪者偏好野雪道，所以，滑雪场在规划雪道时要注意区分常规雪道和野雪道；不同滑雪能力的滑雪者的体验需求也是差异化的，对于初级滑雪者来说，需要具备包括缓坡雪道和魔毯等在内的初级滑雪场地，对于晋级滑雪者来说，需要具备包括坡度在 20° 左右的中级雪道和缆车在内的中级滑雪场地；对于高级滑雪爱好者而言，需要具备包括高山缆车和高山雪道在内的高级滑雪场地；还有一部分滑雪者偏好滑雪的趣味性，滑雪场就需要专门开发波浪道、猫狗道等来满足客户需要。滑雪场地的差异化使滑雪者沉浸其中，增强了高山滑雪沉浸体验。

第二，提升滑雪场地的舒适性体验。滑雪场只有把握好湿度和温度的问题，才能保证雪质的松软、不黏稠，使消费者获得舒适的滑雪体验。一是把握好造雪时机。温度在 −3℃ 以下，湿度在 80% 左右，是造雪的较好时机，滑雪场要抓住时机造雪以确保雪质，这是保证滑雪舒适性体验的基础。二是把握好压雪时机。滑雪者一般希望凌晨压雪，因为能够体验到松软的"面条雪"，但问题是凌晨压雪距离滑雪时间较短，水分不能充分沉淀，所以"面条雪"顷刻间消失，保持时间太短。因此，滑雪场一般要选择 19 点之后压雪，让水分充分沉淀，滑雪体验更佳。三是做好雪道上的巡逻工作。雪道巡逻员要每天定期对雪道上的杂物、石头、沙子、遗失物进行清理，保证雪道上整洁、干净，在避免危险的同时，保证滑雪者的滑雪体验。滑雪场的核心竞争力就是雪道，雪道的舒适性为高山滑雪者提供更好的滑雪体验，使滑雪者更加集中精力。

第三，增强滑雪场地识别的便利性体验。滑雪场的面积较大，场地辽阔，识别难度比较大。同时，无论是单板还是双板，滑雪装备比较沉重，滑雪者行动不便，因此，场地识别的便利性对高山滑雪体验十分重要。一是降低识别的难度。我国很多雪场引进了国外的标识识别系统，但并不符合中国人的识别习惯，因此，滑雪场应该根据实际情况制作标志进行识别，增强滑雪者识别的便利性。二是扩大识别物的覆盖面。一方面，很多高山地带缺少网络信号，电子地图无法使用，手机通话也受到限制，为识别方位和寻求救助造成了很大困难；另一方面，在野雪道区域，缺少常规巡逻和日常修缮，突发情况较多。因此，识别物的覆盖面非常重要，覆盖得不彻底、不全面会影响到高山滑雪者的滑雪体验。三是增强标识识别的多样性。高山滑雪运动者的年龄段较宽，不同年龄段标识识别的方式不尽相同，有的消费者偏好直接的图文识别，有的偏好电子识别，因此，滑雪场在标识识别方面要充分考虑到不同消费者的偏好，为消费者提供便利的服务，增强消费者的标识识别多样性。

（2）基于速度体验的营销提升策略

高山滑雪速度体验是快速和加速带给人们一系列新奇、刺激的体验。高山滑雪运动需要从高山之巅借助雪道坡度滑行，速度和加速度不好控制。速度体验也是高山滑雪运动体验与其他体验最不同之处，是高山滑雪特有的体验。高山滑雪速度体验提升策略包括以下两个方面：

第一，提供全方位滑雪教练服务。速度既是高山滑雪体验的关键，也是高山滑雪体验的瓶颈。到位的速度把控会给滑雪者带来非凡的体验，但速度把控不好会影响消费者的滑雪体验和滑雪的信心，甚至可能会产生严重的安全隐患。因此，滑雪场需要为不同水平的滑雪者提供相应的导滑服务，使滑雪者享受到更好的速度体验（李燕燕等，2022）。一是不断提升滑雪教练员自身素质和能力。滑雪教练员必须持证上岗，这是滑雪教练员进入导滑行业的门槛，严禁没有导滑证的人员从事教练员工作。二是持续的技能提升。随着高山滑雪市场的扩大，滑雪者的滑雪水平也逐年提高，这也要求教练员的技能也要与时俱进，逐步提升。滑雪场要定期开展教练员的能力提升培训和考核，并将此项工作作为滑雪学校的一项常规工作，在培训和考核的基础上将滑雪教练员进行分级分类，针对不同水平的高山滑雪者提供不同的导滑服务。三是牢固树立服务至上的工作理念。滑雪教练的工作实质上是服务型工作，要为消费者提供服务，不能认为自己对滑雪技能掌握能力强就忘记了服务的本质，更不能对顾客言语粗鲁、索要小费，要全心全意为消费者提供导滑服务。滑雪教练员的工作在保证顾客安全、提升高山滑雪者勇气水平、提升消费者高山滑雪速度体验方面发挥着十分重要的作用。

第二，提升滑雪器材的品质和使用规范。目前，由于我国高山滑雪市场发展的历史较短，滑雪场硬件设施不健全，提供的滑雪器材质量良莠不齐，既有优质产品，也包括一部分劣质产品。实际上，在高山滑雪运动中，速度的体验与滑雪器材的品质，特别是与滑雪板的品质息息相关。因此，滑雪场一是要严格把控好滑雪器材的采购质量关，购置符合行业标准的滑雪器材，完善滑雪基础设备设施

（丁红卫和王宇飞，2020）。滑雪场可以广泛开展合作，引入滑雪器材供应商，为滑雪者提供更为专业的滑雪器材；滑雪场也可以通过合资的方式进入滑雪行业的上游，参与到滑雪器材的研发工作之中，开发出更符合高山滑雪速度体验需求的滑雪器材。二是要定期聘请第三方专业机构对滑雪器材进行检测，评估现有的滑雪器材是否符合国家的相关规定，降低滑雪器材的使用风险，有效减少滑雪器材的品质对高山滑雪者速度体验的影响。三是要提供滑雪板固定器的调节服务。滑雪板的固定器会影响到滑雪者对滑雪速度的把控，同时当滑雪者不慎摔倒时，固定器能否顺利脱离会对滑雪者的安全产生重大影响；因此，滑雪场要为每一位滑雪者提供科学调节固定器的服务，保证高山滑雪者优质的速度体验和人身安全（张燕，2022）。

（3）基于自然体验的营销提升策略

高山滑雪的自然体验是个体通过各种感官通道感知自然世界或与源于自然界的刺激进行互动而产生的感受。在高山滑雪体验过程中，由于速度、力量的运用和调整，滑雪者对大自然的体验是深刻而独特的。高山滑雪自然体验提升策略包括以下三个方面：

第一，以人造雪营造树挂美景。高山滑雪的自然体验是独特的，速度与自然的融合使高山滑雪者沉浸其中。滑雪场的高山滑雪道多为林间雪道，展现的是林海雪原的美景；但随着气候变暖，冬季降雪越发减少，滑雪道两侧的树林景色欠佳。因此，滑雪场要充分利用造雪机造雪，点缀滑雪道两侧的树林，积极营造"瑞雪挂树"的美景，使广大高山滑雪者在美丽的林海雪原之中尽情享受自然体验。

第二，人造挡风隔断，降低大风干扰。根据本书之前的深度访谈了解到，大风会对消费者的自然滑雪体验产生负面影响。滑雪场可以借鉴日本一些历史悠久的滑雪场的防风经验，在风口位置人工设立了一些挡风墙，有效地减少大风的干扰，保证滑雪者的自然滑雪体验。

第三，定期修缮滑雪道两侧树林。林间雪道在给滑雪者带来自然体验的同时，由于树林的生长对滑雪道的侵占，为滑雪场和滑雪者带来了困扰。因此，滑雪场要定期对雪道两侧的树林进行清理，保证滑雪道的宽度和整洁，为高山滑雪者提供更好的自然体验。

7.2.3 结合测量量表解决营销管理中的实际问题

基于本书的深度访谈和扎根理论得出了高山滑雪体验的3个维度和测量量

表，滑雪场可以通过量表评估滑雪者高山滑雪体验情况，找出企业自身在高山滑雪体验建设工作中存在的问题，从而动态地调整企业实践，促进企业可持续发展。

（1）评判体验建设方面的优势和劣势

本书开发了高山滑雪体验的测量量表，为进一步研究高山滑雪体验与其他因素的关系提供了量化工具。目前，很多滑雪场在开展提升高山滑雪体验的相关工作，但由于受到知识结构、资金状况、人才储备等现实条件的限制，这些营销活动在实际中的效果有时不尽如人意。本书开发了高山滑雪体验3个维度测量量表，可以作为滑雪场在高山滑雪体验营销活动过程中的诊断工具和评判指标，使企业更清晰地了解高山滑雪体验营销建设各个环节的优势和劣势，及时发现问题、解决问题，对高山滑雪体验的建设情况进行及时评估，对建设工作的整体和细节都有一个全面的把控，从而动态地调整企业的高山滑雪体验实践，促进企业可持续发展。

（2）调研分析当下各维度的权重

本书证明了高山滑雪体验包括沉浸体验、速度体验和自然体验3个维度，实际上，每一家滑雪场都有其特殊性，滑雪者对高山滑雪体验的诉求也不尽相同，以黑龙江亚布力镇的滑雪场来说，相比于其他地区的滑雪场，该地区滑雪场的滑雪道都是林间雪道，且降雪量大，树挂景观赏心悦目，在自然体验层面具有得天独厚的优势。因此，滑雪者在调研中就会更多地表现出对沉浸体验和速度体验的诉求，而对自然体验的诉求会相对较低。新疆地区的大多数滑雪场野雪资源非常丰富，是野雪爱好者的天堂，沉浸体验效果更好，但自然景观元素比较单一，滑雪者对自然体验的诉求比重就会很高。因此，通过3个维度测量量表分析当下高山滑雪体验各个维度的权重，有效地为滑雪场管理人员提供决策依据，有助于滑雪场集中有限的资源，处理主要矛盾。

（3）验证实践问题之间的关联性

本书通过扎根理论三级编码，开发出了高山滑雪体验的3个维度测量量表，并进行了探索性因子分析和验证性因素分析验证，为滑雪场剖析问题产生的原因提供了一项重要的分析工具。各滑雪场在经营管理过程中，都会存在各种难以解决的问题和重复出现的问题，实质上是没有找到问题产生的根源。高山滑雪体验3个维度测量量表的开发为滑雪场的经营管理者提供了一项新的解决问题的思路，利用3个维度测量量表验证这些难以解决的问题是否与高山滑雪体验产生关联，例如本书的创新点中就包括验证了高山滑雪体验对滑雪成瘾和生活幸福感有正向影响，在之前的文献中并没有相关的研究，这一创新点为滑雪场解决营销方面的问题提供了新思路。因此，3 个维度测量量表可以作为滑雪场验证某些实际问题是否与高山滑雪体验产生关联的分析工具。

7.2.4　结合消费者的勇气水平差异制定营销策略

基于本书研究发现，滑雪者的勇气水平在高山滑雪体验与消费者情感的关系中起调节作用，因此，滑雪场要高度重视勇气水平的作用，并根据勇气水平的差异对滑雪者进行分类管理。要赢得顾客，就要为顾客提供全方位的服务，满足顾客的个性化需求，所以滑雪场应该针对不同特点的客户群体制定更有针对性的营销策略。

（1）结合勇气水平进行市场细分

本书验证了高山滑雪者勇气水平的不同将导致高山滑雪体验对消费者情感的影响不同，因此勇气水平可以作为滑雪场市场细分的一个变量。企业要赢得客户的青睐，就要从顾客的实际需要出发，满足顾客的个性化需求，向顾客提供全方位的服务，滑雪场要针对不同特点的客群制定有针对性的体验营销策略。企业可以通过勇气水平量表对滑雪者进行调研并分为高、中、低 3 类。对于勇气水平高的高山滑雪者，他们对外界的风险的畏惧感不高，勇敢面对风险，具备冒险精神，这与"高山滑雪是勇敢者的游戏"相匹配，因此，滑雪场可为其提供个性化的服务营销策略、坡度较大的滑雪场地、高水平的教练员、更加专业的滑雪装备等；对于勇气水平中等的高山滑雪者，这类高山滑雪者面对风险会犹豫、需要尝试，对风险的识别和应对需要一个适应过程，面对这部分滑雪者，滑雪场要提高更加慎重和完备的服务营销策略，提供进阶的课程和导滑服务、坡度适中的滑雪道等；对于勇气水平较低的高山滑雪者，滑雪场可以提供初级滑雪服务。根据勇气水平进行市场细分并提供相应服务营销策略，符合消费者的人格特质，最大限度地保护滑雪者的滑雪热情。

（2）根据勇气水平进行科学规划

本书验证了勇气水平的调节作用，为滑雪场的基础设施规划提供了思路。我国滑雪场的规划设计大部分是由国外的策划设计团队完成，并没有充分考虑到我国人民群众的人格特质，特别是勇气水平的国内外差异没有被重视。滑雪场偏重于后期的细节完善，但前期的规划设计不完善，基础设施的投入反而为后期的改造升级增加了难度。因此，滑雪场在前期的设计过程中要充分调研，将滑雪者勇气水平作为一项重要的参考因素，充分考虑到高山滑雪者的勇气水平差异，分别为勇气水平高的高山滑雪者、勇气水平中等的高山滑雪者和低勇气水平的高山滑雪者设计、配套基础设备设施，滑雪道的规划上也要充分参考勇气水平的差异，设置难度不同的滑雪道，满足不同高山滑雪者的需求（张瑞林和李凌，2022）。

（3）根据勇气水平提供个性服务

本书验证了勇气水平的调节作用，勇气水平属于人格特质，尽管在硬件的配备上适应了消费者的勇气水平差异需要，但更重要的是耐心周到、个性化的软性服务；特别是针对低勇气水平的高山滑雪者，他们天生对风险存在畏惧，不愿意尝试存在风险的运动，很难培养对高山滑雪运动的热情，如果滑雪场提供的服务不到位，这一部分消费者很难获得满意的滑雪体验，也不利于滑雪场获得顾客，不利于滑雪场的发展。因此，滑雪场在为消费者设计软性服务产品时，要充分考虑到勇气水平这一重要因素，针对较高勇气水平的滑雪者、中等勇气水平的滑雪者和低勇气水平的滑雪者分别设计不同的个性化服务，使消费者与滑雪场的情感沟通更加密切。

7.2.5 从情感角度提升消费者对高山滑雪的青睐

徐沁晔等（2022）认为，企业应对消费者感知和消费者购后行为的评估予以充分重视，密切关注消费者的购后感受，并采取适当措施，提高消费者购后满意程度；加强产品和服务的售后工作，通过售后服务来提高企业的信誉、维护顾客的品牌忠诚度，力求将消费者的不满降到最低，以达到扩大市场占有率的目的。本书发现，消费者情感在高山滑雪体验与滑雪成瘾的关系中起中介作用，因此，滑雪场可以通过提升消费者情感促进滑雪者对高山滑雪运动的热爱。

（1）结合消费感知优化营销策略

研究结果表明，消费者的愉快情感和唤醒情感对滑雪成瘾有正向影响，因此，滑雪场的管理人员要高度重视消费者的愉快情感和唤醒情感的感知情况，将愉快情感和唤醒情感作为评判消费者情感体验的重要指标。滑雪场可以通过深度访谈的形式与消费者进行交流，事前设计好消费者情感体验的相关问题，引导消费者清晰阐述愉快情感和唤醒情感的真实感受，剖析消费者产生不满的原因，并采取相应的措施进行整改；也可以采取调查问卷的形式，设计好愉快情感和唤醒情感的相关问题，请高山滑雪者填写调查问卷，并对问卷结果进行数据分析，以实证分析的形式分析消费者在愉快情感和唤醒情感方面的优势和不足，并将分析结果应用于企业实践。

（2）加强与消费者间的情感维系

消费者情感的维系包括事前、事中和事后3个阶段，高山滑雪运动有其特殊性，那就是在事中阶段消费者情感沟通得比较多，比较彻底，滑雪服务过程中的情感沟通占了很大比例。滑雪者来到滑雪场之前并没有同客服人员沟通太多，大部分滑雪者是通过网络渠道、朋友介绍、媒体广告等方式查询到了想要前往的滑雪场，在到达滑雪场之后便开始了换装备、请教练、滑雪等活动事项，当滑雪结束之后便会离开滑雪场，客服回访非常少，因此，事前和事后的情感沟通比较缺乏。滑雪场要高度重视事前和事后与消费者的情感沟通，维系好与高山滑雪者的情感。消费者滑雪前，滑雪场要向滑雪者详细咨询消费者的基本情况，提供与其相匹配的装备，推荐与其能力相匹配的教练员等。当消费者离开滑雪场后，要回访消费者，进行售后服务，拉近消费者与滑雪场的情感，吸引和保留更多的高山滑雪爱好者。

（3）全面升级滑雪场的服务水平

本书验证了消费者情感对滑雪成瘾的正向影响，消费者情感维系得越好，消费者的滑雪热情越高；情感维系得不好，消费者的滑雪热情就会降低。滑雪场管理人员除了在高山滑雪过程中注意提升愉快情感和唤醒情感方面下功夫之外，在其他方面，如餐饮服务、住宿服务、交通服务等方面也要下功夫维系与消费者的情感沟通，因为消费者在滑雪场消费过程中，只要对某一方面的服务不满意，就会影响其情感体验，就会对滑雪成瘾产生影响，这就为滑雪场的管理提出了更高的要求。服务水平的提升不能仅停留在某一项或某几项工作上，而是要在涉及服务营销的方方面面都做好提升，在每一环节都要做好服务，保持好与消费者的密切沟通，实现各项服务营销的全面升级，将投诉与抱怨消除在萌芽状态，提升消费者对滑雪运动的热爱程度，为企业吸引更多的高山滑雪爱好者。

7.2.6　多渠道全面提升高山滑雪体验的溢出效应

通过研究发现，高山滑雪体验对消费者感知价值有正向影响，消费者感知价值正向影响消费者的生活幸福感，感知价值在高山滑雪体验和生活幸福感之间起中介作用。但是在现实中，滑雪场并不完全知晓高山滑雪体验的溢出效应，对消费者感知价值的中介作用也不了解。因此，滑雪场可以通过多种渠道提升消费者的感知价值，实现和增强高山滑雪体验的溢出效应。

（1）宣传高山滑雪体验溢出效应

本书验证了高山滑雪体验的溢出效应——高山滑雪体验正向影响高山滑雪者的生活幸福感。高山滑雪体验的溢出效应是本书的创新点之一，在查阅文献过程中并没有相关的资料；在现实生活中，也缺少关于高山滑雪体验溢出效应的宣传推广。也就是说，消费者对高山滑雪体验的溢出效应知之甚少，更多地关注高山滑雪运动的健身特性和时尚特性。然而，消费者对高山滑雪体验对生活幸福感的正向影响并不了解，滑雪场的管理人员对高山滑雪体验的溢出效应也不了解。因此，滑雪场在市场营销推广上要加大对高山滑雪体验的溢出效应的宣传，使广大消费者深刻了解高山滑雪运动除了能强身健体之外，还能对生活幸福感产生正向影响，使滑雪者获得更多的益处。

（2）明确消费者感知价值的差距

滑雪场要处理好高山滑雪体验与滑雪者价值感知的关系。一方面，可以通过深度访谈、调查问卷等方式挖掘滑雪者对高山滑雪体验的不满之处，通过整改措施提升消费者的高山滑雪体验，进而提升消费者的感知价值和功利价值；另一方面，可以通过对滑雪者感知价值进行调研，发现滑雪者在功利价值和娱乐价值方面的感知情况，包括好的方面和不好的方面，并找出其中与高山滑雪沉浸体验、速度体验和自然体验3个维度的相关性，针对性地提出整改意见，设计出更加符合消费者感知价值的产品，在提升消费者高山滑雪体验的同时，提高消费者的感知价值。消费者感知价值的提升会正向影响滑雪者的生活幸福感，增强滑雪者对高山滑雪运动的热爱。

（3）应用网络平台进行营销推广

鉴于目前消费者对高山滑雪体验的溢出效应缺乏深入了解的现状，滑雪场应加强对高山滑雪体验溢出效应的宣传推广，并与时俱进，创新宣传推广方式。考虑到网络宣传对客户决策过程的重要影响及网红经济的重要作用，滑雪场管理者可以通过知名博主、网红大咖、微信达人等，充分发挥微信、抖音直播和微博等媒体加强与消费者的互动交流，并对高山滑雪体验的溢出效应进行宣传推广。由于知名博主、网红大咖、微信达人等都具有广大的粉丝群体，而且可以通过网络平台进行直接的互动交流，这种网络推广方式成本低、范围广、可信度强，更容易对高山滑雪体验溢出效应的积极作用进行宣传推广，为滑雪场吸引更多的消费者。

（4）应用数字技术推动体验营销

5D 技术的迅速发展为推动滑雪场进行体验营销提供了新机遇。近年来，尽管我国冰雪经济发展迅速，但一方面，由于我国冰雪经济起步较晚，还有很多的消费者对滑雪运动并不熟悉，对高山滑雪体验带来的溢出效应不了解；另一方面，由于户外滑雪运动带有很强的季节性和地域性，尤其是我国南方的大部分消费者还没有体验过高山滑雪运动，滑雪场需要创新营销方式让更多的消费者了解、体验高山滑雪运动及其溢出效应。目前，5D 技术推动的全息投影、AR 和 VR 等方式应用广泛，让消费者可以在虚拟现实的世界里进行体验。滑雪场可以结合 5D 技术设计开发高山滑雪的虚拟空间，让消费者即使不在滑雪场也能身临其境感知高山滑雪运动的价值，吸引更多的消费者。

7.3　本章小结

本章结合前文的研究结果，从重视并发挥高山滑雪体验的积极作用、提升高山滑雪多维度体验的营销策略、结合测量量表解决实际问题、运用消费者勇气水平差异性制定营销策略、从情感角度提升消费者对高山滑雪的热爱、多渠道全面提升高山滑雪体验溢出效应六个方面提出了针对性的滑雪场营销能力提升策略。

参考文献

[1] Adams G A, King L A, King D W. Relationships of Job and Family Involvement, Family Social Support, and Work-Family Conflict with Job and Life Satisfaction [J]. Journal of Applied Psychology, 1996, 81 (4): 411-420.

[2] Ahn J A, Seo S. Consumer Responses to Interactive Restaurant Self-service Technology (IRSST): The Role of Gadget-Loving Propensity [J]. International Journal of Hospitality Management, 2018 (74): 109-121.

[3] Alaniz T, Biazzo S. Emotional Design: The Development of a Process to Envision Emotion – Centric New Product Ideas [J]. Procedia Computer Science, 2019 (158): 474-484.

[4] Alavi S S, Ferdosi M, Jannatifard F, et al. Behavioral Addiction Versus Substance Addiction: Correspondence of Psychiatric and Psychological Views [J]. International Journal of Preventive Medicine, 2012, 3 (4): 290-294.

[5] Alba J W, Hutchinson J W. Dimensions of Consumer Expertise [J]. Journal of Consumer Research, 1987, 13 (4): 411-454.

[6] Alimamy S. Customer Perceived Value through Quality Augmented Reality Experiences in Retail: The Mediating Effect of Customer Attitudes [J]. Journal of Marketing Communications, 2022, 28 (4): 428-447.

[7] Amati V, Meggiolaro S, Rivellini G, et al. Social Relations and Life Satisfaction: The Role of Friends [J]. Genus, 2018, 74 (1): 7.

[8] Angel C C, Andrés H C J, Salinas-Ruiz J, et al. Preferences for Lemon Consumption by Mexicans and Its Relationship with Consumer Needs, Emotions, and Attitudes [J]. International Journal of Food Science & Technology, 2023, 58 (2): 646-655.

[9] Babin B J, Darden W R, Griffin M. Work and/or Fun: Measuring Hedonic

and Utilitarian Shopping Value [J]. Journal of Consumer Research, 1994, 20 (4): 644-656.

[10] Bacha C S. The Courage to Stay in the Moment [J]. Psychodynamic Counselling, 2001, 7 (3): 279-295.

[11] Bagozzi R P, Kimmel S K. A Comparison of Leading Theories for the Prediction of Goal-Directed Behaviours [J]. British Journal of Social Psychology, 1995, 34 (4): 437-461.

[12] Bagozzi R P, Yi Y. On the Evaluation of Structural Equation Models [J]. Journal of the Academy of Marketing Science, 1988, 16 (1): 74-94.

[13] Bailey R, Ball S. An Exploration of the Meanings of Hotel Brand Equity [J]. The Service Industries Journal, 2006, 26 (1): 15-38.

[14] Baker J, Levy M, Grewal D. An Experimental Approach to Making Retail Store Environmental Decisions [J]. Journal of Retailing, 1992, 68 (4): 445-460.

[15] Barlas A, Mantis K, Koustelios A. Achieving Positive Word-Of-Mouth Communication: The Role of Perceived Service Quality in the Context of Greek Ski Centres [J]. World Leisure Journal, 2010, 52 (4): 290-297.

[16] Batra R, Ahtola O T. Measuring the Hedonic and Utilitarian Sources of Consumer Attitudes [J]. Marketing Letters, 1991, 2 (2): 159-170.

[17] Beck A T, Ward C H, Mendelson M, et al. An Inventory for Measuring Depression [J]. Archives of General Psychiatry, 1961, 4 (6): 561-571.

[18] Brakus J J, Schmitt B H, Zarantonello L. Brand Experience: What Is It? How Is It Measured? Does it Affect Loyalty? [J]. Journal of Marketing, 2009, 73 (3): 52-68.

[19] Bratman G N, Anderson C B, Berman M G, et al. Nature and Mental Health: An Ecosystem Service Perspective [J]. Science Advances, 2019, 5 (7): 903.

[20] Brymer E, Schweitzer R. The Search for Freedom in Extreme Sports: A Phenomenological Exploration [J]. Psychology of Sport and Exercise, 2013, 14 (6): 865-873.

[21] Capatina A, Kachour M, Lichy J, et al. Matching the Future Capabilities of an Artificial Intelligence-based Software for Social Media Marketing with Potential Users' Expectations [J]. Technological Forecasting and Social Change, 2020 (151): 119794.

［22］Capone V，Joshanloo M，Scheifinger H. Predictors of Life Satisfaction in a Large Represen tative Sample from Ltaly ［J］. Current Psychology，2021（40）：3609-3627.

［23］Carlquist E，Ulleberg P，Delle Fave A，et al. Everyday Understandings of Happiness，Good Life，and Satisfaction：Three Different Facets of Well-being ［J］. Applied Research in Quality of Life，2017（12）：481-505.

［24］Cetin G. Experience VS quality：Predicting Satisfaction and Loyalty in Services ［J］. The Service Industries Journal，2020，40（15-16）：1167-1182.

［25］Chen H，Wang Y，Li N. Research on the Relationship of Consumption Emotion，Experiential Marketing，and Revisit Intention in Cultural Tourism Cities：A Case Study ［J］. Frontiers in Psychology，2022（13）：894376.

［26］Chen S C，Lin C P. Understanding the Effect of Social Media Marketing Activities：The Mediation of Social Identification，Perceived Value，and Satisfaction ［J］. Technological Forecasting and Social Change，2019（140）：22-32.

［27］Cheng A，Leung Y，Brodaty H. A Systematic Review of the Associations，Mediators and Moderators of Life Satisfaction，Positive Affect and Happiness in Near-centenarians and Centenarians ［J］. Aging & Mental Health，2022，26（4）：651-666.

［28］Cho M，Bonn M A，Li J J. Differences in Perceptions About food Delivery Apps Between Single-Person and Multi-Person Households ［J］. International Journal of Hospitality Management，2019（77）：108-116.

［29］Clore G L，Ortony A，Foss M A. The Psychological Foundations of the Affective Lexicon ［J］. Journal of Personality and Social Psychology，1987，53（4）：751-766.

［30］Cocosila M，Igonor A. How Important is the "social" in Social Networking? A Perceived Value Empirical Investigation ［J］. Information Technology & People，2015，28（2）：366-382.

［31］Cougle J R，Hawkins K A. Priming of Courageous Behavior：Contrast Effects in Spider Fearful Women ［J］. Journal of Clinical Psychology，2013，69（9）：896-902.

［32］Cronin J J，Brady M K，Brand R R，et al. A Cross-Sectional Test of the

Effect and Conceptualization of Service Value [J]. Journal of Services Marketing, 1997, 11 (6): 375-391.

[33] Cronin J, Taylor S A. SERVPERF versus SERVQUAL: Reconciling Performance-based and Perception-Minus-Expectations Measurement of Service Quality [J]. Journal of Marketing, 1992, 58 (1): 15-131.

[34] Cui C C, Mrad M, Hogg M K. Brand addiction: Exploring the Concept and its Definition through an Experiential Lens [J]. Journal of Business Research, 2018, 87 (2): 118-127.

[35] Damanik J, Yusuf M. Effects of Perceived Value, Expectation, Visitor Management, and Visitor Satisfaction on Revisit Intention to Borobudur Temple, Indonesia [J]. Journal of Heritage Tourism, 2022, 17 (2): 174-189.

[36] Di Nicola M, Tedeschi D, De Risio L, et al. Co-occurrence of Alcohol Use Disorder and Behavioral Addictions: Relevance of Impulsivity and Craving [J]. Drug and Alcohol Dependence, 2015 (148): 118-125.

[37] Diener E D, Emmons R A, Larsen R J, et al. The Satisfaction with Life Scale [J]. Journal of Personality Assessment, 1985, 49 (1): 71-75.

[38] Diener E, Lucas R E. Explaining Differences in Societal Levels of Happiness: Relative Standards, Need Fulfillment, Culture, and Evaluation Theory [J]. Journal of Happiness Studies, 2000, 1 (1): 41-78.

[39] Diener E. Guidelines for National Indicators of Subjective Well-being and Ill-being [J]. Applied Research in Quality of Life, 2006, 7 (4): 397-404.

[40] Dindar M, Dulkadir Yaman N. I Use Twitter Because: Content Analytic Study of a Trending Topic in Twitter [J]. Information Technology & People, 2018, 31 (1): 256-277.

[41] Dini M, Splendiani S, Bravi L, et al. In-store Technologies to Improve Customer Experience and Interaction: An Exploratory Investigation in Ltalian Travel Agencies [J]. The TQM Journal, 2022, 34 (7): 94-114.

[42] Dong X, Lian Y. A Review of Social Media-based Public Opinion Analyses: Challenges and Recommendations [J]. Technology in Society, 2021 (67): 101724.

[43] Egorov A Y. New Classification and Psychopathology of Nonchemical Addic-

tions [J]. Journal of Behavioral Addictions, 2013 (2): 14.

[44] El-Adly M I. Modelling the Relationship Between Hotel Perceived Value, Customer Satisfaction, and Customer Loyalty [J]. Journal of Retailing and Consumer Services, 2019 (50): 322-332.

[45] Erdogan B, Bauer T N, Truxillo D M, et al. Whistle While You Work: A Review of the Life Satisfaction Literature [J]. Journal of Management, 2012, 38 (4): 1038-1083.

[46] Fattore L, Melis M, Fadda P, et al. The Endocannabinoid System and Nondrug Rewarding Behaviours [J]. Experimental Neurology, 2010, 224 (1): 23-36.

[47] Fokkema M, Greiff S. How Performing PCA and CFA on the Same Data Equals Trouble Overfitting in the Assessment of Internal Structure and Some Editorial Thoughts on it [J]. European Journal of Psychological Assessment, 2017, 33 (6): 399-402.

[48] Fornell C, Larcker D F. Evaluating Structural Equation Models with Unobservable Variables and Measurement Error [J]. Journal of Marketing Research, 1981, 18 (1): 39-50.

[49] Fournier S, Alvarez C. Relating Badly to Brands [J]. Journal of Consumer Psychology, 2013, 23 (2): 253-264.

[50] Freimuth M, Moniz S, Kim S R. Clarifying Exercise Addiction: Differential Diagnosis, Co-occurring Disorders, and Phases of Addiction [J]. International Journal of Environmental Research and Public Health, 2011, 8 (10): 4069-4081.

[51] Frijda N H. The Laws of Emotion [M]. London: Psychology Press, 2017.

[52] Gentile C, Spiller N, Noci G. How to Sustain the Customer Experience: An Overview of Experience Components that Co-create Value with the Customer [J]. European Management Journal, 2007, 25 (5): 395-410.

[53] Gilbert D, Balestrini P, Littleboy D. Barriers and Benefits in the Adoption of E-Government [J]. International Journal of Public Sector Management, 2004, 17 (4): 286-301.

[54] Glaser B G, Strauss A L. The Discovery of Grounded Theory: Strategies for Qualitative Research [M]. Chicago: Aldine Publishing Company, 1967.

［55］ Glasser W. Promoting Client Strength through Positive Addiction ［J］. Canadian Journal of Counselling and Psychotherapy, 2012, 11 (4): 173-175.

［56］ Gomai-Freixanet M, Martha C, Muro A. Does the Sensation Seeking Trait Differ Among Participants Engaged in Sports with Different Levels of Physical Risk? ［J］. Anales de Psicología, 2012, 28 (1): 223-232.

［57］ Grant J E, Potenza M N, Weinstein A, et al. Introduction to Behavioral Addictions ［J］. The American Journal of Drug and Alcohol Abuse, 2010, 36 (5): 233-241.

［58］ Griffiths M. Exercise Addiction: A Case Study ［J］. Addiction Research, 1997, 5 (2): 161-168.

［59］ Gutman J. A Means-End Chain Model Based on Consumer Categorization Processes ［J］. Journal of Marketing, 1982, 46 (2): 60-72.

［60］ Haanpä S, Juhola S, Landauer M. Adapting to Climate Change: Perceptions of Vulnerability of Down-Hill Ski Area Operators in Southern and Middle Finland ［J］. Current Issues in Tourism, 2015, 18 (10): 966-978.

［61］ Habelt L, Kemmler G, Defrancesco M, et al. Why do We Climb Mountains? An Exploration of Features of Behavioural Addiction in Mountaineering and the Association with Stress-Related Psychiatric Disorders ［J］. European Archives of Psychiatry and Clinical Neuroscience, 2022 (3): 236.

［62］ Hannah S T, Sweeney P J, Lester P B. Toward a Courageous Mindset: The Subjective Act and Experience of Courage ［J］. The Journal of Positive Psychology, 2007, 2 (2): 129-135.

［63］ Hau K T, Marsh H W. The Use of Item Parcels in Structural Equation Modelling: Non-Normal Data and Small Sample Sizes ［J］. British Journal of Mathematical and Statistical Psychology, 2004, 57 (2): 327-351.

［64］ Hausenblas H A, Downs D S. How Much is Too Much? The Development and Validation of the Exercise Dependence Scale ［J］. Psychology & Health, 2002, 17 (4): 387-404.

［65］ Hayes A. Introduction to Mediation, Moderation, and Conditional Process Analysis ［J］. Journal of Educational Measurement, 2013, 51 (3): 335-337.

［66］ Heirene R M, Shearer D, Roderique-Davies G, et al. Addiction in Extreme Sports: An Exploration of Withdrawal States in Rock Climbers [J]. Journal of Behavioral Addictions, 2016, 5 (2): 332-341.

[67] Hetland A. Feeling and Thinking about it are Two Different Things: How to Capture Momentary Emotions of Extreme Sports in the Field [J]. International Journal of Environmental Research and Public Health, 2022, 19 (3): 1290.

[68] Hinkin T R. A Review of Scale Development Practices in the Study of Organizations [J]. Journal of Management, 1995, 21 (5): 967-988.

[69] Holbrook M B, Gardner M P. Illustrating a Dynamic Model of the Mood-Updating Process in Consumer Behavior [J]. Psychology & Marketing, 2000, 17 (3): 165-194.

[70] Hu L T, Bentler P M. Cutoff Criteria for Fit Indexes in Covariance Structure Analysis: Conventional Criteria Versus New Alternatives [J]. Structural Equation Modeling: A Multidisciplinary Journal, 1999, 6 (1): 1-55.

[71] Hu R, Ito E. Ideal and Tourism Affect Among Mainland Chinese Tourists in Hokkaido, Japan: A Comparison Between Tourists with and Without Ski Experience [J]. International Journal of Sport and Health Science, 2020 (18): 247-252.

[72] Hungenberg E, Gould J, Daly S. An Examination of Social Psychological Factors Predicting Skiers'skill, Participation Frequency, and Spending Behaviors [J]. Journal of Sport & Tourism, 2013, 18 (4): 313-336.

[73] Hwang J, Hyun S S. The Impact of Nostalgia Triggers on Emotional Responses and Revisit Intentions in Luxury Restaurants: The Moderating Role of Hiatus [J]. International Journal of Hospitality Management, 2013 (33): 250-262.

[74] Judge T A, Zhang S C, Glerum D R. Job Satisfaction [M]. New York: Routledge, 2020: 207-241.

[75] Kakar A K. Why do Users Speak More Positively about Mac OS X but are More Loyal to Windows 7? [J]. Computers in Human Behavior, 2015 (44): 166-173.

[76] Kammann R, Flett R. Affectometer 2: A Scale to Measure Current Level of General Happiness [J]. Australian Journal of Psychology, 1983, 35 (2): 259-265.

[77] Ketter E. It's All about You: Destination Marketing Campaigns in the Experience Economy Era [J]. Tourism Review, 2018, 73 (3): 331-343.

[78] Khodabakhsh S. Factors Affecting Life Satisfaction of Older Adults in Asia: A

Systematic Review [J]. Journal of Happiness Studies, 2022, 23 (3): 1289-1304.

[79] Kim D J, Hwang Y. A Study of Mobile Internet User's Service Quality Perceptions from a User's Utilitarian and Hedonic Value Tendency Perspectives [J]. Information Systems Frontiers, 2012, 14 (2): 409-421.

[80] Kim M, Thapa B. Perceived Value and Flow Experience: Application in A Nature-Based Tourism Context [J]. Journal of Destination Marketing & Management, 2018 (8): 373-384.

[81] Kim M. Does Playing a Video Game Really Result in Improvements in Psychological Well-being in the Era of COVID-19? [J]. Journal of Retailing and Consumer Services, 2021 (61): 102577.

[82] Kim T H, Kim K C, Kim J E. A Study on the Visiting Cyclic Path of Interactive Space Reflecting Characteristics of Digital Native: Apply with Bernd Schmitt's Strategic Experiential Modules and Philip Kotler's the New Customer Path 5A [J]. Korean Institute of Interior Design Journal, 2020, 29 (3): 19-29.

[83] Kline E A. Impact of the Novel Anti-Convulsant Vigabatrin on Functional Recovery Following Brain Lesion [J]. Restorative Neurology and Neuroscience, 1998, 14 (1): 35-45.

[84] Krishna A. An Integrative Review of Sensory Marketing: Engaging the Senses to Affect Perception, Judgment and Behavior [J]. Journal of Consumer Psychology, 2012, 22 (3): 332-351.

[85] Krishna A. Sensory Marketing: Research on the Sensuality of Products [M]. New York: Routledge, 2010.

[86] Kusier A O, Folker A P. The Satisfaction with Life Scale: Philosophical Foundation and Practical Limitations [J]. Health Care Analysis, 2021 (29): 21-38.

[87] Lee H W, Shin S, Bunds K S, et al. Rediscovering the Positive Psychology of Sport Participation: Happiness in a Ski Resort Context [J]. Applied Research in Quality of Life, 2014, 9 (3): 575-590.

[88] Leeman R F, Potenza M N. A Targeted Review of the Neurobiology and Genetics of Behavioural Addictions: An Emerging Area of Research [J]. The Canadian Journal of Psychiatry, 2013, 58 (5): 260-273.

[89] Levin K A, Currie C. Reliability and Validity of an Adapted Version of the

Cantril Ladder for Use with Adolescent Samples [J]. Social Indicators Research, 2014 (119): 1047-1063.

[90] Lewinsohn P M, Redner J, Seeley J R. The Relationship Between Life Satisfaction and Psychosocial Variables: New Perspectives [J]. Subjective Well-Being: An Interdisciplinary Perspective, 1991 (21): 141-169.

[91] Liu X J. Design Research based on Emotional Experience of Shared Office Furniture [J]. Volga River Region Archaeology, 2022, 30 (4).

[92] Liu X Q, You L X, Dong S X, et al. The Moderating Effect of the Ski Resort Environment on the Skier's Travel Radius under the Restriction of Skill Consumption [J]. Journal of Resources and Ecology, 2022, 13 (4): 667-678.

[93] Liu Y, Segev S, Villar M E. Comparing two Mechanisms for Green Consumption: Cognitive-Affect Behavior VS Theory of Reasoned Action [J]. Journal of Consumer Marketing, 2017, 34 (5): 442-454.

[94] Liu Z, Ben S, Zhang R. Factors Affecting Consumers' Mobile Payment Behavior: A Meta-Analysis [J]. Electronic Commerce Research, 2019, 19 (3): 575-601.

[95] Lucia-Palacios L, Pérez-López R. How can Autonomy Improve Consumer Experience When Interacting with Smart Products? [J]. Journal of Research in Interactive Marketing, 2023, 17 (1): 19-37.

[96] Mano H, Oliver R L. Assessing the Dimensionality and Structure of the Consumption Experience: Evaluation, Feeling, and Satisfaction [J]. Journal of Consumer Research, 1993, 20 (3): 451-466.

[97] Margolis S, Schwitzgebel E, Ozer D J, et al. A New Measure of Life Satisfaction: The Riverside Life Satisfaction Scale [J]. Journal of Personality Assessment, 2019, 101 (6): 621-630.

[98] Martin I M, Kamins M A, Pirouz D M, et al. On the Road to Addiction: The Facilitative and Preventive Roles of Marketing Cues [J]. Journal of Business Research, 2013, 66 (8): 1219-1226.

[99] Martyr A, Nelis S M, Quinn C, et al. Living Well with Dementia: A Systematic Review and Correlational Meta-Analysis of Factors Associated with Quality of Life, Well-Being and Life Satisfaction in People with Dementia [J]. Psychological Medicine, 2018, 48 (13): 2130-2139.

［100］ Mas－Machuca M, Berbegal－Mirabent J, Alegre I. Work－Life Balance and Its Relationship with Organizational Pride and Job Satisfaction ［J］. Journal of Managerial Psychology, 2016, 31 (2): 586-602.

［101］ Mascarenhas O A, Kesavan R, Bernacchi M. Lasting Customer Loyalty: A Total Customer Experience Approach ［J］. Journal of Consumer Marketing, 2006, 23 (7): 397-405.

［102］ Mavroudis C. A Partnership in Courage ［J］. The Annals of Thoracic Surgery, 2003, 75 (5): 1366-1371.

［103］ Mayer F S, Frantz C M P. The Connectedness to Nature Scale: A Measure of Individuals' Feeling in Community with Nature ［J］. Journal of Environmental Psychology, 2004, 24 (4): 503-515.

［104］ McDougall G H G, Levesque T. Customer Satisfaction with Services: Putting Perceived Value into the Equation ［J］. Journal of Services Marketing, 2000, 14 (5): 392-410.

［105］ McMillan T M, Rachman S J. Fearlessness and Courage in Paratroopers Undergoing Training ［J］. Personality and Individual Differences, 1988, 9 (2): 373-378.

［106］ McMillan T M, Rachman S J. Fearlessness and Courage: A Laboratory Study of Parat－Rooper Veterans of the Falklands War ［J］. British Journal of Psychology, 1987, 78 (3): 375-383.

［107］ Mehrabian A, Russell J A. An Approach to Environmental Psychology ［M］. Cambridge: The MIT Press, 1974.

［108］ Miao L, Lehto X, Wei W. The Hedonic Value of Hospitality Consumption: Evidence from Spring Break Experiences ［J］. Journal of Hospitality Marketing & Management, 2014, 23 (2): 99-121.

［109］ Monroe K B. Pricing: Making Profitable Decisions ［M］. New York: McGraw－Hill College, 1990.

［110］ Mrad M, Cui C C. Brand Addiction: Conceptualization and Scale Development ［J］. European Journal of Marketing, 2017, 51 (11-12): 1938-1960.

［111］ Nakamura J S, Delaney S W, Diener E, et al. Are all Domains of Life Satisfaction Equal? Differential Associations with Health and Well－Being in Older Adults ［J］. Quality of Life Research, 2022, 31 (4): 1043-1056.

［112］ Neumayer E. Weak Versus Strong Sustainability: Exploring the Limits of Two Opposing Paradigms ［M］. Northampton: Edward Elgar Publishing, 2013.

［113］ Nisbet E K, Zelenski J M, Murphy S A. The Nature Relatedness Scale: Linking Individuals' Connection with Nature to Environmental Concern and Behavior ［J］. Environment and Behavior, 2009, 41 (5): 715-740.

［114］ Pal A, Herath T, De R, et al. Is the Convenience Worth the Risk? An Investigation of Mobile Payment Usage ［J］. Information Systems Frontiers, 2021, 23 (4): 941-961.

［115］ Park J K, Ahn J, Thavisay T, et al. Examining the Role of Anxiety and Social Influence in Multi-Benefits of Mobile Payment Service ［J］. Journal of Retailing and Consumer Services, 2019 (47): 140-149.

［116］ Pavot W, Diener E. Review of the Satisfaction with Life Scale ［J］. Psychological Assessment, 1993, 5 (2): 164-172.

［117］ Peng Y X, Yin P, Yang J J, et al. Exploring the Tourism Experience of Beginner Skiers in the Emerging Ski Market ［J］. Journal of Resources and Ecology, 2022, 13 (4): 613-623.

［118］ Peterson C, Park N. Classification and Measurement of Character Strengths: Implications for Practice ［M］. Hoboken: John Wiley & Sons, 2012.

［119］ Pine B J, Gilmore J H. Welcome to the Experience Economy ［M］. Watertown: Harvard Business Review Press, 1998.

［120］ Prasoon R, Chaturvedi K R. Life Satisfaction: A Literature Review ［J］. The Researcher-International Journal of Management Humanities and Social Sciences, 2016, 1 (2): 25-32.

［121］ Prati G. Correlates of Quality of Life, Happiness and Life Satisfaction among European Adults Older than 50 years: A Machine-Learning Approach ［J］. Archives of Gerontology and Geriatrics, 2022 (103): 104791.

［122］ Preacher K J, Hayes A F. Contemporary Approaches to Assessing Mediation in Communication Research ［M］. Thousand Oaks: Sage Publications, 2008.

［123］ Prebensen N K, Woo E, Chen J S, et al. Motivation and Involvement as Antecedents of the Perceived Value of the Destination Experience ［J］. Journal of Travel Research, 2013, 52 (2): 253-264.

［124］ Prebensen N K, Xie J. Efficacy of Co‑Creation and Mastering on Perceived Value and Satisfaction in Tourists'consumption ［J］. Tourism Management, 2017（60）: 166-176.

［125］ Price I R, Bundesen C. Emotional Changes in Skydivers in Relation to Experience ［J］. Personality and Individual Differences, 2005, 38（5）: 1203-1211.

［126］ Proctor C L, Linley P A, Maltby J. Youth Life Satisfaction: A Review of the Literature ［J］. Journal of Happiness Studies, 2009（10）: 583-630.

［127］ Pury C L S, Kowalski R M, Spearman J. Distinctions Between General and Personal Courage ［J］. Journal of Positive Psychology, 2007, 2（2）: 99-114.

［128］ Pyry E, Parvinen P, Malmivaara T. Can We Get from Liking to Buying? Behavioral Differences in Hedonic and Utilitarian Facebook Usage ［J］. Electronic Commerce Research and Applications, 2013, 12（4）: 224-235.

［129］ Reynolds T J, Olson J C. Understanding Consumer Decision Making: The Means-End Approach to Marketing and Advertising Strategy ［M］. New York: Lawrence Erlbaum Associates, 2001.

［130］ Richins M L. Measuring Emotions in the Consumption Experience ［J］. Journal of Consumer Research, 1997, 24（2）: 127-146.

［131］ Rode J C, Arthaud-Day M L, Mooney C H, et al. Life Satisfaction and Student Performance ［J］. Academy of Management Learning & Education, 2005, 4（4）: 421-433.

［132］ Rose S, Clark M, Samouel P, et al. Online Customer Experience in E-Retailing: An Empirical Model of Antecedents and Outcomes ［J］. Journal of Retailing, 2012, 88（2）: 308-322.

［133］ Rothausen T J, Henderson K E. Meaning-Based Job-Related Well-Being: Exploring A Meaningful Work Conceptualization of Job Satisfaction ［J］. Journal of Business and Psychology, 2019（34）: 357-376.

［134］ Russell J A, Weiss A, Mendelsohn G A. Affect Grid: A Single–Item Scale of Pleasure and Arousal ［J］. Journal of Personality and Social Psychology, 1989, 57（3）: 493-502.

［135］ Russell J A. A Circumplex Model of Affect ［J］. Journal of Personality and Social Psychology, 1980, 39（6）: 1161-1178.

[136] Salassa J R, Zapala D A. Love and Fear of Heights: The Pathophysiology and Psychology of Height Imbalance [J]. Wilderness & Environmental Medicine, 2009, 20 (4): 378-382.

[137] Schmitt B H. Experimental Marketing: How to Get Customers to Sense, Feel, Think, Act and Relate to Your Company and Brands [J]. European Management Journal, 2000, 18 (6): 695.

[138] Schroeder J E. The Marketing Power of Emotion [J]. Journal of Macromarketing, 2004, 24 (1): 59-61.

[139] Sekerka L E, Bagozzi R P, Charnigo R. Facing Ethical Challenges in the Workplace: Conceptualizing and Measuring Professional Moral Courage [J]. Journal of Business Ethics, 2009, 89 (4): 565-579.

[140] Sha W, Hung K, Li M. Development of Measurement Scale for Functional Congruity in Guest Houses [J]. Tourism Management, 2018, 68 (2): 23-31.

[141] Sirdeshmukh D, Singh J, Sabol B. Consumer Trust, Value, and Loyalty in Relational Exchanges [J]. Journal of Marketing, 2002, 66 (1): 15-37.

[142] Sirgy M J, Lee D J. Work-Life balance: An Integrative Review [J]. Applied Research in Quality of Life, 2018 (13): 229-254.

[143] Snyder C R, Lopez S J. Oxford Handbook of Positive Psychology [M]. New York: Oxford University Press, 2009.

[144] Sonnentag S. Dynamics of Well-Being [J]. Annual Review of Organizational Psychology and Organizational Behavior, 2015, 2 (1): 261-293.

[145] Spiliotopoulos T, Oakley I. An Exploration of Motives and Behavior Across Facebook and Twitter [J]. Journal of Systems and Information Technology, 2020, 22 (2): 201-222.

[146] Steptoe A. Happiness and Health [J]. Annual Review of Public Health, 2019 (40): 339-359.

[147] Strauss A, Corbin J. Basics of Qualitative Research: Techniques and Procedures for Developing Grounded Theory [M]. 2nd ed. Thousand Oaks: Sage, 1998.

[148] Su L, Cheng J, Huang Y. How do Group Size and Group Familiarity Influence Tourist Satisfaction? The Mediating Role of Perceived Value [J]. Journal of Travel Research, 2021, 60 (8): 1821-1840.

［149］ Sundbo J, Dixit S K. Conceptualizations of Tourism Experience ［M］. New York: Routledge, 2020.

［150］ Sussman S, Sussman A N. Considering the Definition of Addiction ［J］. International Journal of Environmental Research and Public Health, 2011, 8 (10): 4025-4038.

［151］ Terry B S, Hanlon E T, Blatchley J R, et al. Vulnerability of Children of Incarcerated Addict Mothers: Implications for Preventive Intervention ［J］. Children and Youth Services Review, 2004, 27 (1): 67-84.

［152］ Unanue W, Gómez M E, Cortez D, et al. Revisiting the Link Between Job Satisfaction and Life Satisfaction: The Role of Basic Psychological Needs ［J］. Frontiers in Psychology, 2017 (8): 680.

［153］ Van Dierendonck D, Nuijten I. The Servant Leadership Survey: Development and Validation of a Multidimensional Measure ［J］. Journal of Business and Psychology, 2011, 26 (3): 249-267.

［154］ Veenhoven R. Global Handbook of Quality of Life ［M］. Dordrecht: Springer, 2015.

［155］ Veenhoven R. The Study of Life-Satisfaction ［M］. Budapest: Eötvös University Press, 1996.

［156］ Ventegodt S, Andersen N J, Merrick J. Quality of Life, Happiness, and Meaning in Life ［J］. The Scientific World Journal, 2003 (3): 1164-1175.

［157］ Verhoef P C, Donkers B. The Effect of Acquisition Channels on Customer Loyalty and Cross-Buying ［J］. Journal of Interactive Marketing, 2005, 19 (2): 31-43.

［158］ Wang M Y, Li Y Q, Ruan W Q, et al. How B&B Experience Affects Customer Value Cocreation under the Social Servicescape: An Emotional Psychological Perspective ［J］. Tourism Review, 2023, 78 (1): 72-88.

［159］ Watson D, Clark L A, Tellegen A. Development and Validation of Brief Measures of Positive and Negative Affect: The PANAS Scales ［J］. Journal of Personality and Social Psychology, 1988, 54 (6): 1063-1070.

［160］ Weder G. Moments of Excellence in a Speed Sport-Interview with a Down-Hill Speed Skier ［J］. Journal of Excellence, 2009 (13): 40-54.

［161］Weinstein A, Feder L C, Rosenberg K P, et al. Internet Addiction Disorder: Overview and Controversies ［M］. New York: Academic Press, 2014.

［162］Westbrook R A, Oliver R L. The Dimensionality of Consumption Emotion Patterns and Consumer Satisfaction ［J］. Journal of Consumer Research, 1991, 18 (1): 84-91.

［163］Wetterneck C T, Lee E B, Smith A H, et al. Courage, Self-Compassion, and Values in Obsessive-Compulsive Disorder ［J］. Journal of Contextual Behavioral Science, 2013, 2 (3-4): 68-73.

［164］Weziak-Bialowolska D, Bialowolski P, Sacco P L, et al. Well-Being in Life and Well-Being at Work: Which Comes First? Evidence from a Longitudinal Study ［J］. Frontiers in Public Health, 2020 (8): 103.

［165］Woodard C R, Pury C L S. The Construct of Courage: Categorization and Measurement ［J］. Consulting Psychology Journal: Practice and Research, 2007, 59 (2): 135-147.

［166］Xu X, Li Y P, Li Y Q. Ski Tourism Experience and Market Segmentation from the Perspective of Perceived Value: A Case Study on Chongli District of Zhangjiakou ［J］. Journal of Resources and Ecology, 2022, 13 (4): 655-666.

［167］Yani-de-Soriano M M, Foxall G R. The Emotional Power of Place: The Fall and Rise of Dominance in Retail Research ［J］. Journal of Retailing and Consumer Services, 2006, 13 (6): 403-416.

［168］Yu S, Lee J. The Effects of Consumers' perceived Values on Intention to Purchase Upcycled Products ［J］. Sustainability, 2019, 11 (4): 1034.

［169］Zeithaml V A. Consumer Perceptions of Price, Quality, and Value: A Means-End Model and Synthesis of Evidence ［J］. Journal of Marketing, 1988, 52 (3): 2-22.

［170］Zelenski J M, Nisbet E K. The NR-6: A New Brief Measure of Nature Relatedness. Frontiers in Psychology, 2013 (4): 813.

［171］Zelenski M J, Murphy A S. The Nature Relatedness Scale: Linking Individuals' Connection with Nature to Environmental Concern and Behavior ［J］. Environment Behavior, 2009, 41 (5): 715-740.

［172］Zheng C. Research on the Flow Experience and Social Influences of Users of

Short Online Videos：A Case Study of DouYin.［J］. Scientific Reports，2023，13（1）：3312.

［173］Zheng Q M，Tang R，Mo T，et al. Flow Experience Study of Eco-Tourists：A Case Study of Hunan Daweishan Mountain Ski Area［J］. Journal of Resources and Ecology，2017，8（5）：494-501.

［174］Zong Y，He M H. The Impact Imposed by Brand Elements of Enterprises on the Purchase Intention of Consumers with Experience Value Taken as the Intermediary Variable［J］. Frontiers in Psychology，2022（13）：873041.

［175］Zou Z B，Ergan S. Towards Emotionally Intelligent Buildings：A Convolutional Neural Network—Based Approach to Classify Human Emotional Experience in Virtual Built Enviro nments［J］. Advanced Engineering Informatics，2023（55）：101868.

［176］白世贞，郑敏，魏胜，等. 我国中小企业成本、市场和制度障碍实证研究［J］. 中国软科学，2023（2）：146-156.

［177］毕达天，邱长波. B2C 电子商务企业——客户间互动对客户体验影响机理研究［J］. 中国软科学，2014（12）：124-135.

［178］蔡丹红，齐梦瑶，龚春杨. 顾客契合对品牌忠诚的影响机理研究：品牌体验的中介作用［J］. 生产力研究，2016（8）：135-140.

［179］陈钢华，张艳，胡宪洋. 滑雪度假区属性的结构维度及其影响研究［J］. 地理研究，2023，42（2）：371-388.

［180］陈佳琦，石雨诺，邱冰. 认知·情感·行为：城市动物园游客认同的影响机制研究［J］. 现代城市研究，2022（9）：21-26.

［181］陈向明，王富伟. 扎根理论研究需要如何读文献？——兼论扎根理论不同版本的界定之争［J］. 比较教育学报，2020（2）：3-14.

［182］程翠萍，黄希庭. 中国人勇气量表的建构［J］. 西南大学学报（社会科学版），2016，42（1）：93-99.

［183］程旭. 大学生运动员运动自信心对运动应对技能的影响：运动勇气的中介效应［D］. 沈阳体育学院硕士学位论文，2018.

［184］崔嘉琛，林文进，王帅. 服务型制造模式下的顾客价值传递机制研究［J］. 工业工程与管理，2011，16（4）：103-107.

［185］戴雪芬，郑淑蓉. 零售业 O2O 的模式选择及发展对策［J］. 商业经

济研究，2015（31）：26-28.

［186］戴永娟．新零售背景下人机交互体验对消费者购买意愿的影响［J］．商业经济研究，2023（2）：66-69.

［187］丁红卫，王宇飞．日本冰雪产业的发展经验及借鉴［J］．宏观经济管理，2020（7）：86-90.

［188］杜庆臻．黑龙江省滑雪旅游开发构想［J］．学习与探索，1999（4）：22-28.

［189］范秀成，罗海成．基于顾客感知价值的服务企业竞争力探析［J］．南开管理评论，2003（6）：41-45.

［190］冯烽．北京冬奥会背景下中国冰雪经济高质量发展的推进策略［J］．当代经济管理，2022，44（3）：41-47.

［191］高春玲．基于顾客体验的酒店品牌塑造研究［J］．投资与合作，2022（11）：136-138.

［192］郭蕾，肖有智．采用生活满意度法评估碳排放对居民幸福感的影响研究——基于微观调查的幸福感数据［J］．价格理论与实践，2021（7）：28-33.

［193］郭婷婷，李娜．感知价值视角下旅游者文创产品消费意愿研究［J］．经济论坛，2022（12）：38-46.

［194］郭文秀．沉浸体验对滑雪消费者持续消费意愿的影响——情感依恋与满意度的双重中介效应［J］．体育成人教育学刊，2021，37（6）：13-19.

［195］侯鹤南．本田汽车4S店体验式营销策略研究［D］．哈尔滨工程大学硕士学位论文，2013.

［196］黄炜．旅游演艺业态创新驱动因素的扎根研究［D］．南开大学博士学位论文，2012.

［197］霍圣录，张林，李海．感知价值、购彩情境对体育彩票购买意愿的交互影响研究［J］．广州体育学院学报，2023，5（12）：1-10.

［198］贾晓锋．电商直播平台消费者购买及融入意愿研究［D］．北京邮电大学硕士学位论文，2019.

［199］贾旭东，谭新辉．经典扎根理论及其精神对中国管理研究的现实价值［J］．管理学报，2010，7（5）：656-665.

［200］蒋天琳．共创价值行为对顾客忠诚度的影响研究——以淘品牌为例［D］．电子科技大学硕士学位论文，2016.

［201］剧小贤．消费者价值感知对线上农产品购买意愿的影响［J］．商业经济研究，2022（23）：63-66.

［202］柯营营，徐克帅，林明水．基于扎根理论的滑雪旅游体验评价［J］．资源开发与市场，2019，35（7）：979-985.

［203］孔栋，左美云，孙凯．国外顾客体验文献回顾——一个综合框架［J］．中国流通经济，2016，30（12）：115-123.

［204］李光斗．让消费者消费"成瘾"［J］．新财经，2009（2）：55.

［205］李海廷，周启龙．虚拟品牌社区价值共创行为的影响机理研究——以在线交互意愿为调节变量［J］．华东经济管理，2023，37（1）：119-128.

［206］李浩铭，曾国军，张家旭，等．酒店如何在制度环境变迁中构建动态能力——以东莞美思威尔顿酒店为例［J］．旅游学刊，2021，36（2）：104-116.

［207］李连英，成可．任务契合度、互动性与消费者购买网络直播生鲜农产品意愿——基于 SOR 理论的多群组分析［J］．农林经济管理学报，2023，22（1）：36-46.

［208］李林兰．中国人的勇——心理结构及测量［D］．华中师范大学硕士学位论文，2009.

［209］李孟伦．网络球迷群体的自我秩序化：整合机制、功能与阈限［J］．体育与科学，2022，43（5）：107-112.

［210］李社球．全渠道顾客体验与顾客忠诚关系研究［D］．中南财经政法大学博士学位论文，2018.

［211］李世涛．从瞬间中捕捉永恒——波德莱尔的现代性思想［J］．学习与探索，2016（8）：137-142.

［212］李树旺，李京律，刘潇锴，等．滑雪旅游服务质量评价与后北京冬奥会时期的优化对策——从北京雪场滑雪游客感知的视角切入［J］．北京体育大学学报，2022，45（5）：146-161.

［213］李新静，朱怡婷，梁增贤，等．滑雪旅游者心流体验影响因素判别及模型构建［J］．资源开发与市场，2022，38（12）：1409-1417.

［214］李雪松，陈秀珍，郭弯弯，等．人格特质理论视角下东南亚国家对中国旅游形象感知差异研究［J］．中国生态旅游，2022，12（3）：456-471.

［215］李燕燕，兰自力，闫语．基于修正 IPA 分析的区域滑雪场服务质量关键性问题研究——以"北雪南展"示范地鄂西神农架为例［J］．武汉体育学院学

报，2022，56（12）：58-65.

　[216] 李毅，翟羽丽，邹向东. 对大兴安岭林区发展滑雪旅游的几点建议 [J]. 林业科技情报，2000（3）：63-65.

　[217] 李志刚，韩炜，何诗宁，等. 轻资产型裂变新创企业生成模式研究——基于扎根理论方法的探索 [J]. 南开管理评论，2019，22（5）：117-129.

　[218] 刘畅，巩洪村，曹高辉. 碎片化阅读情境下用户信息焦虑行为形成机理——基于扎根理论的探索性研究 [J]. 图书情报知识，2021，38（3）：144-153.

　[219] 刘二妹. 成瘾性消费问题研究 [J]. 中国商贸，2012（35）：227-228.

　[220] 刘丽芳. 自然体验活动的用户体验评价模型研究 [D]. 广东工业大学硕士学位论文，2022.

　[221] 刘燕，蒲波，官振中. 沉浸理论视角下旅游消费者在线体验对再预订的影响 [J]. 旅游学刊，2016，31（11）：85-95.

　[222] 刘宇涵，于苗. 移动社群中网络舆论对顾客共创价值的作用 [J]. 中国流通经济，2019，33（2）：111-119.

　[223] 路璐，刘春玲，刘琳. 滑雪游客感知价值、满意度与行为意向的关系——以崇礼密苑云顶滑雪场为例 [J]. 干旱区资源与环境，2018，32（5）：202-208.

　[224] 吕瑞华，李宝国. 冰雪运动研究的热点与前沿——基于《冰雪运动》期刊2010~2019的文献计量分析 [J]. 冰雪运动，2021，43（5）：61-66.

　[225] 马瑜，王雪瑞. 兵马俑元素在文创产品中的设计运用 [J]. 包装工程，2020，41（14）：304-310.

　[226] 毛基业，李高勇. 案例研究的"术"与"道"的反思——中国企业管理案例与质性研究论坛（2013）综述 [J]. 管理世界，2014（2）：111-117.

　[227] 毛志雄，张力为. 锻炼动机研究综述 [J]. 北京体育大学学报，1997，（2）：6.

　[228] 裴艳琳. 滑雪体育旅游市场营销策略的实证研究——以亚布力为例 [D]. 复旦大学硕士学位论文，2010.

　[229] 齐炳金，武忠. 移动社会化媒体用户体验与知识共享的关系研究 [J]. 情报理论与实践，2015，38（3）：35-39.

［230］钱景．家庭亲密度和情感表达对大学生手机成瘾的影响：心理弹性和正念的作用［J］．齐齐哈尔医学院学报，2022，43（8）：792-797.

［231］秦俊丽．社交媒体营销对消费者乡村旅游意愿的影响——感知价值的中介作用［J］．商业经济研究，2022（23）：84-87.

［232］阮若卉，陈江华．农机社会化服务对农民主观幸福感的影响研究［J］．农业现代化研究，2023（2）：1-12.

［233］邵腾伟，吕秀梅．基于消费者主权的生鲜电商消费体验设置［J］．中国管理科学，2018，26（8）：118-126.

［234］施思，黄晓波，张梦．沉浸其中就可以了吗？——沉浸体验和意义体验对旅游演艺游客满意度影响研究［J］．旅游学刊，2021，36（9）：46-59.

［235］石渊顺也．购物目的地选择行动和感情——面向购物目的地选择行动研究的扩展［J］．福冈大学商学论丛，2001，46（2）：265-311.

［236］石渊顺也．商业集积の魅力の构造——认知と感情から见た商业集积の个性［J］．商业论究，2005，52（4）：173-194.

［237］石渊顺也．商业集聚的魅力结构：从认知和情感看商业集聚的个性［J］．商学研究，2005，52（4）：173-194.

［238］宋宇虹，王飞．消费力视角下滑雪消费困境及破解路径［J］．体育文化导刊，2022（5）：82-88.

［239］苏树斌．极限运动的魅力与当代价值［J］．体育学刊，2015，22（3）：67-70.

［240］孙大海，阚军常，赵果巍．后冬奥时代冰雪产业高质量发展的内涵、创新与治理［J］．沈阳体育学院学报，2022，41（4）：8-13.

［241］孙晓茜．网红经济背景下大学生人格特质与体育消费行为关系的研究［D］．华东师范大学硕士学位论文，2022.

［242］谭旭运，董洪杰，张跃，等．获得感的概念内涵、结构及其对生活满意度的影响［J］．社会学研究，2020，35（5）：195-217.

［243］滕乐法，吴媛媛，李峰．越沉浸越好吗？——品牌体验中消费者沉浸程度的双重影响研究［J］．管理世界，2020，36（6）：153-167.

［244］王晨曦，满江虹．组态视角下滑雪产业高质量发展的动力要素、理论框架与驱动模式——基于模糊集定性比较分析［J］．上海体育学院学报，2022，46（8）：65-76.

［245］王飞，朱志强．推进滑雪产业发展的大型滑雪旅游度假区建设研究［J］．体育科学，2017，37（4）：11-19.

［246］王飞．体验诉求视域下我国滑雪服务的竞争优势提升研究［J］．体育科学，2018，38（9）：88-96.

［247］王浩东，赵彩怡．个性化网络广告对消费者反应的影响——基于SOR模型的理论框架［J］．商展经济，2023（1）：59-61.

［248］王恒，宿伟玲．冰雪运动与区域旅游融合发展的条件、测度及路径——以东北地区为例［J］．价格理论与实践，2023，2（11）：1-5.

［249］王婧．品牌成瘾对消费者主观幸福感的影响研究［D］．湘潭大学硕士学位论文，2021.

［250］王玲桂，马迪克，陈华．人格特质对行人行为影响的理论解释综述［J］．西南交通大学学报（社会科学版），2021，22（4）：41-51.

［251］王若瑾．基于服装消费体验的Z世代冲动性购买决策研究［D］．东华大学硕士学位论文，2022.

［252］王世金，徐新武，颉佳．中国滑雪场空间格局、形成机制及其结构优化［J］．经济地理，2019，39（9）：222-231.

［253］王文锋，郭锦墉．点击幸福：网络购物提升了居民幸福感吗？［J］．价格理论与实践，2023（1）：61-64.

［254］王新新，万文海．消费领域共创价值的机理及对品牌忠诚的作用研究［J］．管理科学，2012，25（5）：52-65.

［255］王旭霞，雷汉云，王珊珊．居民金融市场参与度与家庭幸福感关系研究［J］．价格理论与实践，2021（10）：84-88.

［256］王渊．体验经济时代的消费需求及营销战略［J］．今日财富，2022（20）：37-39.

［257］王铮，武巍，吴静．中国各省区经济增长溢出分析［J］．地理研究，2005（2）：243-252.

［258］魏丁，苏秦．制造企业与客户价值感知差异的影响因素及偏差距离研究［J］．统计与信息论坛，2021，36（8）：117-128.

［259］温忠麟，侯杰泰，马什赫伯特．结构方程模型检验：拟合指数与卡方准则［J］．心理学报，2004（2）：186-194.

［260］吴继霞，黄希庭．诚信结构初探［J］．心理学报，2012，44（3）：

354-368.

[261] 吴明隆. 问卷统计分析实务——SPSS 操作与应用 [M]. 重庆：重庆大学出版社，2010.

[262] 吴沙. 大学生勇气问卷的编制及特点研究 [D]. 西南大学硕士学位论文，2009.

[263] 吴小梅，郭朝阳. 心流体验研究方法评述 [J]. 现代管理科学，2014 (5)：104-106.

[264] 徐亮. 积极心理学视角下体育游戏对中学生勇气特质影响的实验研究 [D]. 山西师范大学硕士学位论文，2017.

[265] 徐沁晔，刘奕彤，麻成. 消费者情感与消费者购买行为相关性的文献综述 [J]. 经济研究导刊，2022 (25)：89-91.

[266] 徐晓，李雅平，李燕琴. 感知价值视角下的滑雪旅游体验及市场细分研究——以张家口崇礼区为例（英文）[J]. Journal of Resources and Ecology，2022，13 (4)：655-666.

[267] 许冠文，张慧. "嗑CP"：青年女粉丝的创造性情感体验 [J]. 妇女研究论丛，2023 (1)：102-116.

[268] 阳毅，万杨，王璇. 差别对待与人才工作幸福感：组织自尊和绩效压力感的中介及年龄差异 [J]. 中国临床心理学杂志，2022，30 (5)：1068-1073.

[269] 杨润田，徐腾达. 冬奥会背景下崇礼滑雪旅游产业的发展规模——基于经济预测的视角 [J]. 沈阳体育学院学报，2019，38 (6)：1-7.

[270] 杨学成，徐秀秀，陶晓波. 基于体验营销的价值共创机理研究——以汽车行业为例 [J]. 管理评论，2016，28 (5)：232-240.

[271] 杨颖. 社交媒体舆情信息热度和情感强度对传播意愿的影响——情绪与感知可信度的双重中介机理 [J]. 心理学进展，2022，12 (7)：2424-2432.

[272] 杨志林，王晶波. 滑雪运动生命体验与审美价值分析 [J]. 吉林化工学院学报，2021，38 (12)：62-66.

[273] 姚尧. 高山滑雪教学中恐惧心理产生的原因与消除策略 [J]. 运动精品，2021，40 (7)：77-78.

[274] 曾国军，李浩铭，杨学儒. 烙印效应：酒店如何通过师徒制发展组织操作常规 [J]. 南开管理评论，2020，23 (2)：75-84.

[275] 张德成. 浅谈滑雪旅游与人类文化 [J]. 冰雪运动，2002 (1)：

78-80.

[276] 张洪，江运君，鲁耀斌，等．社会化媒体赋能的顾客共创体验价值：多维度结构与多层次影响效应 [J]．管理世界，2022，38（2）：150-168.

[277] 张季屏．态度理论视角下社会主义核心价值观的心理认同探究 [J]．高教学刊，2022，8（15）：90-93.

[278] 张磊，陈红华．全渠道零售商营销协同对消费者购买意愿的影响——基于多群组结构方程模型分析 [J]．中国流通经济，2019，33（8）：108-117.

[279] 张玲．高山滑雪教学中初学者恐惧心理产生原因与消除手段 [J]．冰雪体育创新研究，2022（17）：16-18.

[280] 张瑞林，李凌．我国冰雪产业发展的影响因素及对策分析 [J]．武汉体育学院学报，2022，56（11）：13-21.

[281] 张善斌，朱宝峰，董欣．我国滑雪休闲度假旅游发展研究 [J]．体育文化导刊，2018（9）：65-69.

[282] 张文池，殷杰．品牌商短视频营销、心流体验与顾客消费意向关系分析 [J]．商业经济研究，2023（4）：73-76.

[283] 张燕．大众参与滑雪运动意愿的影响因素与作用机制 [J]．北京社会科学，2022（1）：23-33.

[284] 张运来，王立鑫．基于服务蓝图和网络文本整合的顾客体验研究——以北京某餐厅为例 [J]．江苏商论，2022（12）：26-29.

[285] 中西正雄，吴小丁．消费者情感体验、认知印象与商业集聚魅力度关系研究 [A]//第八届中国营销科学学术年会暨博士生论坛会议论文集．广东：中山大学，2011：308-327.

[286] 周晨，黄逸涵，周湛曦．基于自然教育的社区花园营造——以湖南农业大学"娃娃农园"为例 [J]．中国园林，2019，35（12）：12-16.

[287] 朱林，张峰．运动成瘾行为形成过程的质性研究——以跑步群体为例 [J]．体育科学研究，2022，26（2）：71-77.

[288] 朱逸，王鹏，平瑛．消费者感知价值对服务消费复购意向影响的研究——基于信任要素嵌入快递服务消费领域的分析 [J]．价格理论与实践，2022（4）：189-192.

[289] 訾非．感受的分析：完美主义与强迫性人格的心理咨询与治疗 [M]．北京：中央编译出版社，2012.

附　　录

附录1　高山滑雪体验正式访谈提纲

第一部分　个人基本情况

1. 性别：
（1）男　　　　　　　　（2）女
2. 年龄：
（1）15 岁以下　　　　　（2）15～24 岁　　　　　（3）25～44 岁
（4）45～65 岁　　　　　（5）65 岁以上
3. 职业：
（1）公务员　　　　　　　（2）企事业管理人员　　　（3）企事业单位员工
（4）军人　　　　　　　　（5）学生　　　　　　　　（6）农民
（7）离退休人员　　　　　（8）其他
4. 受教育程度：
（1）初中及以下　　　　　（2）高中/中专/技校　　　（3）本科/大专
（4）硕士及以上
5. 月可支配收入（收入水平）：
（1）无收入　　　　　　　　　　　　　（2）3000 元及以下（偏低）
（3）3001～5000 元（一般）　　　　　　（4）5001～8000 元（中等）
（5）8001～10000 元（偏高）　　　　　 （6）10001 元及以上（很高）
6. 婚姻状况：
（1）已婚　　　　　　　　　　　　　　（2）未婚

7. 健康状况:

(1) 健康　　　　(2) 良好　　　　(3) 一般　　　　(4) 较差

8. 有规律滑雪的年限:

(1) 无　　　　(2) 1~3 年　　　(3) 4~6 年　　　(4) 7~9 年

(5) 10 年及以上

9. 每年在滑雪活动上的花费:

(1) 1000 元及以下　　　　　　(2) 1001~2000 元

(3) 2001~5000 元　　　　　　(4) 5001~10000 元

(5) 10001~20000 元　　　　　(6) 20001 元及以上

10. 喜欢滑雪旅游的原因（可多选）:

(1) 缓解压力，放松心情　　　　(2) 热爱运动，喜欢冒险、刺激

(3) 锻炼身体，强健体魄　　　　(4) 体验冰雪文化

(5) 掌握新的滑雪知识　　　　　(6) 广交雪友，切磋滑雪技巧

(7) 滑雪是朋友/家人的聚会方式之一　(8) 其他

11. 不喜欢滑雪的原因（可多选）:

(1) 危险系数高　　　　　　　　(2) 不会滑

(3) 没有专业滑雪装备　　　　　(4) 没有时间

(5) 费用高　　　　　　　　　　(6) 其他

12. 选择滑雪旅游度假区的理由（可多选）:

(1) 知名度高　　　　　　　　　(2) 滑雪条件好

(3) 雪的质量高　　　　　　　　(4) 综合服务好

(5) 交通方便　　　　　　　　　(6) 消费水平适中

(7) 可滑进滑出　　　　　　　　(8) 其他

13. 获取滑雪旅游咨询渠道（可多选）:

(1) 旅行社　　　　　　　　　　(2) 朋友/同事等介绍

(3) 旅游宣传手册　　　　　　　(4) 电视、广播等

(5) 互联网、公众号　　　　　　(6) 其他

14. 滑雪度假旅游出行方式:

(1) 旅行社团队游　　　　　　　(2) 自助游

第二部分　高山滑雪体验访谈调查

尊敬的先生/女士：

您好！我是哈尔滨商业大学工商管理专业的博士研究生，正在做毕业论文的数据收集工作。高山滑雪体验是指在高山滑雪过程中，滑雪者由于自身动作和外界事物的刺激，而诱发的心理感受和情感感知。请您根据高山滑雪过程中的真实体验思考和回答如下问题：

（1）您为什么喜欢高山滑雪？高山滑雪能带来哪些益处？参与高山滑雪目的是什么？

（2）您首次滑雪的过程中有哪些感受？

（3）您现在滑雪过程中有哪些感受？

（4）如果想熟练地滑雪，您觉得最应该克服的是什么心理？

（5）您觉得目前滑雪状态中的瓶颈是什么？

（6）您觉得在本次滑雪之后，还想再回雪场滑雪吗？

（7）您现在觉得滑雪上瘾吗？如果上瘾，瘾从何来呢？

（8）您觉得滑雪给您的生活和工作带来了哪些变化？

附录2　高山滑雪体验测量量表调查问卷

第一部分　个人基本情况

1. 性别：

（1）男　　　　　　　　　（2）女

2. 年龄：

（1）18 岁以下　　　　　（2）18~25 岁　　　　　（3）26~35 岁

（4）36~45 岁　　　　　　（5）46~55 岁　　　　　（6）56~65 岁

（7）65 岁以上

3. 从事的职业：

（1）全日制学生　　　　　（2）生产人员　　　　　（3）销售人员

（4）市场/公关人员　　　（5）客服人员　　　　（6）行政/后勤人员

（7）人力资源　　　　　　（8）财务/审计人员　　（9）文职/办事人员

（10）技术/研发人员　　　（11）管理人员　　　　（12）教师

（13）顾问/咨询

（14）专业人士（如会计师、律师、建筑师、医护人员、记者等）

（15）其他

4. 受教育程度：

（1）高中及以下　　　　　（2）大专

（3）本科　　　　　　　　（4）研究生

5. 月可支配收入：

（1）3000元及以下　　　　（2）3001~5000元　　　（3）5001~8000元

（4）8001~10000元　　　　（5）10000元以上

6. 每年参加冬季户外高山滑雪频率：

（1）1~3次　　　　　　　　（2）4~6次　　　　　　（3）7~9次

（4）10~12次　　　　　　　（5）12次以上

7. 出行方式：

（1）旅行团　　　　　　　（2）自驾游

8. 每年滑雪消费的金额：

（1）1000元及以下　　　　（2）1001~3000元　　　（3）3001~5000元

（4）5001~10000元　　　　（5）10000元以上

第二部分　高山滑雪体验测量量表题项

尊敬的先生/女士：

　　您好！我是哈尔滨商业大学工商管理专业的博士研究生，正在做毕业论文的数据收集工作，请您根据个人实际情况填写，希望您能给予帮助，衷心感谢您的信任和协助！根据您的高山滑雪体验选择相应的数字，1代表"非常不同意"，2代表"不同意"，3代表"一般"，4代表"同意"，5代表"非常同意"。

序号	题项	非常不同意——→非常同意
1	我在高山滑雪时，会感觉时间过得很快	1　2　3　4　5
2	我在高山滑雪时，会处于没有自我意识的状态	1　2　3　4　5
3	高山滑雪使我失去了时间感	1　2　3　4　5
4	高山滑雪对于我的生活非常重要	1　2　3　4　5
5	我花了很多时间思考如何高山滑雪	1　2　3　4　5
6	高山滑雪对我有持续性的意义	1　2　3　4　5
7	在进行高山滑雪运动时，我的注意力完全聚焦在其中	1　2　3　4　5
8	我毫不费力地将注意力放在高山滑雪运动中	1　2　3　4　5
9	在高山滑雪时，我会完全集中精力	1　2　3　4　5
10	在进行高山滑雪运动时，我不关心别人如何看待我	1　2　3　4　5
11	我不担心我在高山滑雪运动中的表现	1　2　3　4　5
12	我非常享受高山滑雪这项运动	1　2　3　4　5
13	高山滑雪运动让我非常兴奋	1　2　3　4　5
14	高山滑雪非常爽	1　2　3　4　5
15	北京是中国的首都①	1　2　3　4　5
16	高山滑雪让我非常开心	1　2　3　4　5
17	我觉得自己有足够的能力满足雪道的难度	1　2　3　4　5
18	高山滑雪中的挑战和我的技能都处于同样高的水平	1　2　3　4　5
19	在高山滑雪时，我能感觉到速度和力量的转变	1　2　3　4　5
20	在高山滑雪时，克服本能的恐惧似乎是超越最高水平速度的核心	1　2　3　4　5
21	一旦适应了速度的变化，速度就变成了力量	1　2　3　4　5
22	高山滑雪中，每一刻的速度都是不同的	1　2　3　4　5
23	高山滑雪运动中，速度的提升让我感觉周边的一切都变得模糊	1　2　3　4　5
24	高山滑雪中速度的调整和适应是一件很有趣的事情	1　2　3　4　5
25	对速度的适应让我偶尔处于一种无意识状态	1　2　3　4　5
26	速度是让我对高山滑雪上瘾的一个重要因素	1　2　3　4　5
27	上海位于中国西部②	1　2　3　4　5
28	高山滑雪中，"恐速"是每个滑雪者都要经历的	1　2　3　4　5
29	高山滑雪中，对速度的把控源于长时间的训练	1　2　3　4　5
30	高山滑雪中，风速影响滑行速度	1　2　3　4　5

①② 该项是干扰项，检验受访者是否认真填卷，附录3、附录4同。

续表

序号	题项	非常不同意——→非常同意				
31	高山滑雪中，速度是获得超爽体验的前提	1	2	3	4	5
32	高山滑雪中，速度失控让我非常恐惧	1	2	3	4	5
33	高山滑雪中，加速让我非常兴奋和激动	1	2	3	4	5
34	高山滑雪中，耳边的风往往让你知道速度的存在	1	2	3	4	5
35	高山滑雪让我体验人与自然的和谐	1	2	3	4	5
36	高山滑雪让我体会到自己是自然的一部分	1	2	3	4	5
37	高山滑雪让我体会到，与自然和环境的联系是我精神的一部分	1	2	3	4	5
38	高山滑雪让我体会到，我理想的度假地点是远离城市的地方	1	2	3	4	5
39	高山滑雪让我体会到，即使在不愉快的天气里，我也喜欢待在户外	1	2	3	4	5
40	在高山滑雪过程中，清新的空气让我精神振作	1	2	3	4	5
41	尽管气候寒冷，但我在滑雪过程中热情高涨	1	2	3	4	5
42	高山滑雪过程中，我能感觉到人与自然的沟通	1	2	3	4	5
43	高山滑雪过程中的景物是与众不同的	1	2	3	4	5
44	在高山滑雪过程中，美丽的景色在我身边掠过	1	2	3	4	5

附录3 高山滑雪体验影响滑雪成瘾的机理研究调查问卷

第一部分 个人基本情况

1. 性别：

（1）男　　　　　　　　　　（2）女

2. 年龄：

（1）18 岁以下　　　　　（2）18~25 岁　　　　　（3）26~35 岁

（4）36~45 岁　　　　　（5）46~55 岁　　　　　（6）56~65 岁

（7）65 岁以上

3. 从事的职业：

（1）全日制学生　　　　（2）生产人员　　　　（3）销售人员

（4）市场/公关人员　　（5）客服人员　　　　（6）行政/后勤人员

（7）人力资源　　　　（8）财务/审计人员　　（9）文职/办事人员

（10）技术/研发人员　（11）管理人员　　　　（12）教师

（13）顾问/咨询

（14）专业人士（如会计师、律师、建筑师、医护人员、记者等）

（15）其他

4. 教育程度：

（1）高中及以下　　　（2）大专　　　　　　（3）本科

（4）研究生

5. 月可支配收入：

（1）3000 元及以下　　（2）3001~5000 元　　（3）5001~8000 元

（4）8001~10000 元　　（5）10000 元以上

6. 每年参加冬季户外高山滑雪频率：

（1）1~3 次　　　　　（2）4~6 次　　　　　（3）7~9 次

（4）10~12 次　　　　（5）12 次以上

7. 出行方式：

（1）旅行团　　　　　（2）自驾游

8. 每年滑雪消费的金额：

（1）1000 元及以下　　（2）1001~3000 元　　（3）3001~5000 元

（4）5001~10000 元　　（5）10000 元以上

第二部分　高山滑雪体验影响成瘾的机理研究题项

尊敬的先生/女士：

　　您好！我是哈尔滨商业大学工商管理专业的博士研究生，正在做毕业论文的数据收集工作，请您根据个人实际情况填写，希望您能给予帮助，衷心感谢您的信任和协助！根据您的高山滑雪体验选择相应的数字，1 代表"非常不同意"，2 代表"不同意"，3 代表"一般"，4 代表"同意"，5 代表"非常同意"。

序号	题项	非常不同意——非常同意				
1	在进行高山滑雪运动时，我会完全集中精力	1	2	3	4	5
2	我非常享受高山滑雪这项运动	1	2	3	4	5

序号	题项	非常不同意——→非常同意				
3	高山滑雪运动让我非常兴奋	1	2	3	4	5
4	高山滑雪非常爽	1	2	3	4	5
5	对速度的适应让我偶尔处于一种无意识状态	1	2	3	4	5
6	速度是让我对高山滑雪上瘾的一个重要因素	1	2	3	4	5
7	在高山滑雪运动中，速度是获得超爽体验的前提	1	2	3	4	5
8	在高山滑雪运动中，加速让我非常兴奋和激动	1	2	3	4	5
9	高山滑雪让我体验人与自然的和谐	1	2	3	4	5
10	高山滑雪让我体会到自己是自然的一部分	1	2	3	4	5
11	高山滑雪让我体会到，与自然和环境的联系是我精神的一部分	1	2	3	4	5
12	在高山滑雪过程中，我能感觉到人与自然的沟通	1	2	3	4	5
13	高山滑雪运动让我感到满意	1	2	3	4	5
14	高山滑雪运动让我感到愉快	1	2	3	4	5
15	高山滑雪运动让我感到过瘾	1	2	3	4	5
16	高山滑雪运动让我感到喜悦	1	2	3	4	5
17	高山滑雪运动让我感到兴奋	1	2	3	4	5
18	高山滑雪运动让我感到情绪高涨	1	2	3	4	5
19	高山滑雪运动让我期待到心跳	1	2	3	4	5
20	高山滑雪运动让我玩不够	1	2	3	4	5
21	上海位于中国西部	1	2	3	4	5
22	在冬季，高山滑雪运动是我生活中最重要的事情	1	2	3	4	5
23	我经常因为锻炼和家人或朋友产生不同意见	1	2	3	4	5
24	我用高山滑雪运动来改变我的情绪（如感觉更快乐或忘记问题）	1	2	3	4	5
25	在过去的一年里，我增加了每天的高山滑雪运动时间	1	2	3	4	5
26	如果我不能按时进行高山滑雪运动，我就会坐立不安，心烦意乱或悲伤	1	2	3	4	5
27	我曾试图减少高山滑雪运动时间，但最终还是和以前一样多	1	2	3	4	5
28	北京是中国的首都	1	2	3	4	5
29	我倾向于面对害怕	1	2	3	4	5
30	我总是规避那些令我担心的事情	1	2	3	4	5
31	即使我很害怕，但我仍然要做完我该做的事情	1	2	3	4	5
32	如果有事情吓到了我，我会努力避开它	1	2	3	4	5
33	其他人把我描述成一个勇敢的人	1	2	3	4	5

序号	题项	非常不同意——→非常同意				
34	我愿意做危险的事情	1	2	3	4	5
35	我以勇敢的方式做事情	1	2	3	4	5
36	如果我担心或畏惧某些事情，我总是去面对	1	2	3	4	5
37	如果有重要的理由需要我去面对恐惧的事情，我会去面对。	1	2	3	4	5
38	即使有事情使我害怕，我也不会退缩	1	2	3	4	5
39	即使躲避会对我不利，我也不会去面对让我害怕的事情	1	2	3	4	5

附录4 高山滑雪体验的溢出效应研究调查问卷

第一部分 个人基本情况

1. 性别：

（1）男 　　　　　　（2）女

2. 年龄：

（1）18 岁以下 　　　（2）18~25 岁 　　　（3）26~35 岁

（4）36~45 岁 　　　　（5）46~55 岁 　　　　（6）56~65 岁

（7）65 岁以上

3. 从事的职业：

（1）全日制学生 　　　（2）生产人员 　　　　（3）销售人员

（4）市场/公关人员 　　（5）客服人员 　　　　（6）行政/后勤人员

（7）人力资源 　　　　（8）财务/审计人员 　　（9）文职/办事人员

（10）技术/研发人员 　（11）管理人员 　　　　（12）教师

（13）顾问/咨询

（14）专业人士（如会计师、律师、建筑师、医护人员、记者等）

（15）其他

4. 教育程度：

(1) 高中及以下　　　(2) 大专　　　　　(3) 本科

(4) 研究生

5. 月可支配收入：

(1) 3000 元及以下　　(2) 3001~5000 元　　(3) 5001~8000 元

(4) 8001~10000 元　　(5) 10000 元以上

6. 每年参加冬季户外高山滑雪频率：

(1) 1~3 次　　　　　(2) 4~6 次　　　　　(3) 7~9 次

(4) 10~12 次　　　　(5) 12 次以上

7. 出行方式：

(1) 旅行团　　　　　(2) 自驾游

8. 每年滑雪消费的金额：

(1) 1000 元及以下　　(2) 1001~3000 元　　(3) 3001~5000 元

(4) 5001~10000 元　　(5) 10000 元以上

第二部分　高山滑雪体验溢出效应研究题项

尊敬的先生/女士：

您好！我是哈尔滨商业大学工商管理专业的博士研究生，正在做毕业论文的数据收集工作，请您根据个人实际情况填写，希望您能给予帮助，衷心感谢您的信任和协助！根据您的高山滑雪体验选择相应的数字，1 代表"非常不同意"，2 代表"不同意"，3 代表"一般"，4 代表"同意"，5 代表"非常同意"。

序号	题项	非常不同意——非常同意				
1	在高山滑雪时，我会完全集中精力	1	2	3	4	5
2	我非常享受高山滑雪这项运动	1	2	3	4	5
3	高山滑雪运动让我非常兴奋	1	2	3	4	5
4	高山滑雪非常爽	1	2	3	4	5
5	对速度的适应让我偶尔处于一种无意识状态	1	2	3	4	5
6	速度是让我对高山滑雪上瘾的一个重要因素	1	2	3	4	5
7	在高山滑雪运动中，速度是获得超爽体验的前提	1	2	3	4	5
8	在高山滑雪运动中，加速让我非常兴奋和激动	1	2	3	4	5

序号	题项	非常不同意——→非常同意				
9	高山滑雪让我体验人与自然的和谐	1	2	3	4	5
10	高山滑雪让我体会到自己是自然的一部分	1	2	3	4	5
11	高山滑雪让我体会到，与自然和环境的联系是我精神的一部分	1	2	3	4	5
12	在高山滑雪过程中，我能感觉到人与自然的沟通	1	2	3	4	5
13	北京是中国的首都	1	2	3	4	5
14	高山滑雪运动促进了我的工作/学习绩效	1	2	3	4	5
15	高山滑雪运动提升了我的工作/学习绩效	1	2	3	4	5
16	高山滑雪运动提高了我的工作/学习效率	1	2	3	4	5
17	我觉得高山滑雪运动在我的工作/学习中是有用的	1	2	3	4	5
18	我觉得高山滑雪运动对我的工作/学习中是有帮助的	1	2	3	4	5
19	高山滑雪时，我觉得很愉快	1	2	3	4	5
20	相比于其他的运动形式，我很享受高山滑雪运动的时间	1	2	3	4	5
21	在高山滑雪运动中，我觉得兴奋	1	2	3	4	5
22	当我进行高山滑雪运动时，我很快乐	1	2	3	4	5
23	在高山滑雪时，让我忘掉了烦恼	1	2	3	4	5
24	上海位于中国西部	1	2	3	4	5
25	大多数情况下，我的生活接近理想状态	1	2	3	4	5
26	我的生活状态很好	1	2	3	4	5
27	我对自己的生活感到满意	1	2	3	4	5
28	到目前为止，我已经得到了我认为生活中最重要的事物	1	2	3	4	5
29	如果我可以再活一次，我不想改变任何事情	1	2	3	4	5